理解
·
 现实
·
困惑

心理学家可以解答的教育问题

小学审辩阅读教学系列丛书

小学审辩阅读教学研究

向天成　赵微　著

2021年贵州省教育科学规划课题（课题批准号：2021B224）
主要成果之一

中国纺织出版社有限公司

内 容 提 要

在信息化时代背景下，积极关注学生深度阅读技能的发展和理性思维品质的形成，是教育面向未来的需要。核心素养已成为个体适应社会发展的必然要求。小学是学生思维迅速发展的阶段，语文是培养学生语言文字应用的综合性和实践性学科，语言与思维有着密切的内在联系，因而，通过语文教学或阅读教学发展学生思维一直得到相关理论研究者和教育实践者的认同。本书从理论阐释出发，通过实证研究验证，系统论述了小学审辩阅读教学的合理性和有效性，并给一线教师提出了具有可操作性的建议。

图书在版编目（CIP）数据

小学审辩阅读教学研究/向天成，赵微著. -- 北京：中国纺织出版社有限公司，2023.4（2023.10重印）
ISBN 978-7-5180-9703-6

Ⅰ.①小… Ⅱ.①向… ②赵… Ⅲ.①阅读课－教学研究－小学 Ⅳ.①G623.232

中国版本图书馆CIP数据核字（2022）第128073号

责任编辑：刘宇飞 责任校对：高 涵
责任印制：王艳丽

中国纺织出版社有限公司出版发行
地址：北京市朝阳区百子湾东里 A407 号楼 邮政编码：100124
销售电话：010—67004422 传真：010—87155801
http://www.c-textilep.com
中国纺织出版社天猫旗舰店
官方微博 http://weibo.com/2119887771
北京华联印刷有限公司印刷 各地新华书店经销
2023年4月第1版 2023年10月第3次印刷
开本：710×1000 1/16 印张：14.25
字数：192千字 定价：82.00元

凡购本书，如有缺页、倒页、脱页，由本社图书营销中心调换

小学审辩阅读教学系列丛书

总策划：李文玲　罗　坤

总主编：赵　微　李文玲

编　委：罗　坤　李　军　向天成　邵建成　刘朦朦　张　丽　陆梓瑶

总 序

审辩思维：与未来同行的工具

谢小庆

北京语言大学教育测量研究所原所长
中国教育学会统计测量分会学术委员会副主任
中国心理学会测验专业委员会理事

2019年1月21日，在中央党校"坚持底线思维着力防范化解重大风险"专题研讨班上，习近平同志提出：要高度警惕"黑天鹅"事件。今天回头看，他的警告是及时的。

现如今，学校中的学生们将遭遇许多以往经验无法预测的事件，将遭遇许多被以往经验认为是"不可能"的事件。帮助孩子、学生为他们将要面对的世界作好准备，是家长和老师们的责任。编写这套"小学审辩阅读教学系列丛书"，就是为了给家长和老师们提供支持。

生病后是否去看中医？高考必考科目中是否应包含外语？能不能吃转基因食品？是否应开征房产税？在股票盈利2毛钱时，是落袋为安还是持股待涨……实际上，基于不同的逻辑起点，对许多重要问题可以作出截然相反的回答。面对这些难题，仅靠传统的"观察—归纳—演绎"的问题解决思路是不够的，仅具备逻辑思维能力和分析推理能力是不够的。为了在实际生活中作出选择、进行决策，还需要具备审辩式思维（Critical thinking）。面对这类没有唯一正确标准答案的难题，需要的不是依靠事实和逻辑"发现"解决办法，而是需要借助审辩式思维所进行的论证"选择"解决办法。

以往，许多具有"正确答案"的问题需要有知识的人通过"观察—归纳—演绎"的方式，借助相关知识和逻辑推理找到解决方法。例如，测量一棵高达十几米的树的准确高度，计算火车从 A 地出发抵达 B 地的时间，根据上月的产品销售情况制订下月的生产计划等。不用很久，这类依赖知识积累和逻辑推理就可以解决的问题，都会由计算机和人工智能（AI）来完成。就像逐步在中国象棋、国际象棋和围棋等技能领域战胜人类一样，AI 将很快在这类仅仅需要知识积累和逻辑推理就可以胜任的工作领域超越人类、取代人类。在解决这类问题方面，AI 不仅速度更快、不会疲劳和懈怠，而且具有更高的稳定性、可靠性和准确性。

移动互联和 AI 带来的这种变化，向教育提出了新的挑战。移动互联时代，个体拥有的知识再丰富，也远不及"百度"和"谷歌"。今天，国际教育界已经达成共识：创新始于对成说的质疑，审辩式思维是创新型人才最重要的心理特征。教育最重要的任务之一是发展学生的审辩式思维，审辩式思维是最值得期许的、最核心的教育成果。教育，重要的已经不再是培养有知识、有逻辑的人，而是培养具备审辩式思维的人；学习，重要的不再是学知识、学逻辑，而是学思维、学论证。

毛泽东同志曾经说："我们不但要提出任务，而且要解决完成任务的方法问题。我们的任务是过河，但是没有桥或没有船就不能过。不解决桥或船的问题,过河就是一句空话。不解决方法问题,任务也只是瞎说一顿。"[①] 他的话,值得今天关心教育问题的人们思考。今天,许多人已经认识到发展学生审辩式思维的重要性,但是,如果不解决"如何培养"的问题,发展审辩式思维就是一句空话。李文玲教授等编写这套丛书的主旨,就是希望回答"如何建桥"和"如何造船"的问题,就是希望回答"如何培养和评估审辩式思维"的问题。

这套丛书对"如何培养"和"如何评价"审辩式思维的问题进行了深入的探讨,提出了一系列切实可行、具有操作性的建议,可以为教师、家长提供行之有效的帮助。

这套丛书系统介绍了审辩阅读教学的概念、理论与方法,包括审辩阅读的理论框架、审辩阅读与写作策略、审辩阅读与写作的测评、审辩阅读的合作学习等。书中还讨论了一系列有关审辩阅读的问题,如阅读与思维教育的关系;审辩思维和创新的关系;审辩阅读教学在小学和中学的区别;审辩阅读与整本书教学;审辩阅读与项目式学习;合作推理讨论在中小学课堂的实施步骤,合作推理讨论与传统教学的有机融合;为什么要"包容异见",为什么要包容和理解不同的个人偏好和价值取向;怎样激发阅读动力;怎样培养独立思考能力;怎样创设既有真实情境又有深刻思考的课堂氛围;怎样进行对话式教学;怎样展开启发性问题引导;怎样实现可视化内容呈现等。

这套丛书包含了关于审辩阅读的系列研究,这些研究借助系统分析法、教育实验法和问卷调查法,对小学语文审辩式阅读教学的基本理论形式和具体实践方式进行了系统研究,研究了审辩式阅读教学的操作策略、设计思路、实施过程和评价路径,分析了审辩式阅读教学实践的具体影响因素。

[①] 毛泽东:《关心群众生活,注意工作方法》,载《毛泽东选集(第一卷)》,北京,人民出版社,1991。

这套丛书包含了两本教学指导，分别是《小学审辩阅读教学指导实务（中年级）》和《小学审辩阅读教学指导实务（高年级）》。这两本书围绕阅读教学的信息提取、分析推理、整合诠释、反思评价和创意应用五个环节，呈现了 37 篇审辩阅读教学案例，为读者提供了教学建议。

我和本丛书的主要编写者李文玲教授，都是北京师范大学张厚粲先生的博士生。1991 年她获得博士学位后，赴美国伊利诺伊大学香槟分校心理系，从事关于儿童阅读的博士后研究，继而以高级科学家的身份任职于伊利诺伊大学儿童阅读研究中心，从事儿童阅读研究。当时安德森教授是儿童阅读研究中心的主任，他曾担任美国最大的教育组织"美国教育研究协会"（AERA）的主席。李文玲教授与安德森教授，还有北京师范大学的舒华教授（也是张厚粲先生的博士研究生，曾担任北京师范大学心理系主任）曾一起开展针对中美儿童的跨国阅读的比较研究，该研究持续了九年时间，他们发表并出版了大量的研究论文及书籍。从 1996 年开始，李文玲教授与安德森教授、北京师范大学舒华教授一道，在国内推动了幼儿"分享阅读"项目，惠及全国几千所幼儿园。从推动"分享阅读"项目开始，她几乎每年都会回国讲学，帮助中国教师提高阅读教学水平。作为她的同门同学和朋友，我亲眼目睹了她不遗余力地为推动中国儿童阅读发展所付出的努力。现阶段，她的研究方向包括儿童阅读的跨文化研究、双语研究、儿童语言能力测评、阅读分级、审辩和创造性思维等。我个人认为，李文玲教授和舒华教授属于中国儿童阅读研究领域造诣最高的学者。

本丛书的另一位主要作者、陕西师范大学教育学部的博士生导师赵微教授也是我的朋友，我们相识于培训偏远地区乡村教师的义务公益活动之中。我参观过赵微教授主持建立的专门服务于小学学习落后学生的学生发展支持系统——陕西师范大学实验小学学习支持中心，印象深刻。她不仅具有儿童心理发展方面的深厚理论素养，而且一直投身于儿童学习落后的认知、学业与心理行为支持的实践，积累了丰富的成果与经验。如今，她是陕西师范大学特殊儿童认知与行为研究中心的负责人，2020年她被聘为教育部基础教育特殊教育工作指导专委会委员。

2019年12月2日至4日，我曾经在陕西师范大学实验小学参加"聚焦课堂教学，熔铸课程品牌"专题研讨活动。其间，认识了本丛书的主要参与者——陕西师范大学实验小学校长罗坤和陕西师范大学实验小学副校长、陕西省语文特级教师李军。罗坤校长和李军校长长年工作在基础教育一线，直接参与了大量审辩阅读的实际探索，获得了许多来自教学实践的感悟和体会。在两位校长的带领下，实验小学的许多老师开始挑战自我，尝试改变自己已经习惯的教学方式，大胆走出自己封闭的舒适区，认真研究学情、研究教情，关注学生的思维形成、能力提升和价值抉择。

像所有的老师一样，本丛书的作者们希望学生们未来能够有稳定、体面的工作。与一些老师不同的是，本丛书的作者们想到了，在快速发展的21世纪，学生将来可能从事的行业今天或许尚未出现，今天的一些热门职业那时可能已经消失。他们认识到，不必强迫学生死记硬背一些可能很快会变得陈旧的特定知识，死记硬背一些很容易获得也很容易忘记的特定知识。这种强迫性的教育，浪费孩子们宝贵的生命事小，败坏孩子们的学习胃口事大。他们在思考：怎样保证孩子在未来的职业竞争中不会败于一部智能手机或一台机器人？他们想到，以往，在职场中稳操胜券的是"有知识的人"；未来，在职场中独领风骚的将是"会思考的人"，将是"有智慧的人"。

近年来，由于关注学生审辩式思维的发展和学生的成长评估（Growth assessment），我走访了包括陕西师范大学实验小学在内的不少学校，听了不少课，也接触了不少中小学老师。从城市到乡村，从小学到中学，从繁华的北京、上海、武汉、杭州到偏远的县城小镇、深山草原，我看到许许多多中小学教师正在努力为我国儿童创造更健康的发展环境，正在努力保护学生的好奇心、探索欲和质疑精神。他们在顽强地坚守初心，他们在勇敢地突破自己的"舒适区"，他们共同在深夜和凌晨守护那盏寂寞的孤灯。李文玲、赵微、罗坤和李军等几位老师，不仅是教育问题的认真思考者和研究者，更是实践者和力行者。他们合力完成的这套丛书，将为那些正在努力挽救"小范进"的中小学老师们提供帮助。我相信，中国的希望，中国的未来，就寄托在这些教师的坚守和突破之中。他们的努力，终将汇聚成巨大的力量，冲破束缚教育健康发展的局限，开创中国教育发展的新局面。

2022 年 5 月于北京

序　言

　　审辩阅读是一种基于理性思维理念的深度阅读方式。小学审辩阅读教学[①]是开启小学生审辩阅读学习和引导小学生发展深度阅读技能与适应信息时代阅读生活的一种教学活动。然而，从整体上看，当前学界关于小学审辩阅读教学问题的探究还处于比较零散的状态，缺乏相对完整的理论探讨与系统的实践探究。鉴于此，本书在积极吸取相关研究成果和充分反思其研究局限的基础上，坚持系统论理念，采用系统分析法、教育实验法和问卷调查法，对小学审辩阅读教学的基本理论形式和具体实践方式进行系统研究，以期为帮助小学生获取深度阅读技能和形成理性思维习惯提供理论解释和实践参考。

　　本书主要关注四个问题：第一，探究审辩阅读教学是什么、为什么开展审辩阅读教学的问题，即对小学审辩阅读教学的内涵、特征与价值进行合理阐释，力求厘清审辩阅读教学的内涵价值；第二，探讨审辩阅读教学基本理论形式的

[①] 在本书中，审辩阅读教学指语文学科审辩阅读教学。

具体表现问题，即对小学审辩阅读教学的理论基础、构成要素、结构层次、生成过程、发生条件进行深入探究；第三，回答怎样开展审辩阅读教学实践的问题，即对小学审辩阅读教学的操作策略、设计思路、实施过程和评价路径展开系统探究；第四，为了考查与验证审辩阅读教学理论形式的合理性与实践方式的有效性，进一步探索审辩阅读教学实践的具体影响因素，我们在陕西师范大学实验小学预研究的基础上，对贵州省某县域城区小学三年级95名学生进行了为期一学年的审辩阅读教学的实验研究。

经过对小学审辩阅读教学的理论形式的系统构建与实践方式的深入探究及相关实践的有效开展与验证，我们取得了较好的预期成果。具体成果主要体现在以下四个方面：

第一，阐明了小学审辩阅读教学的内涵、特征与价值。结合个体审辩阅读认知的发生方式与发生过程，阐释了审辩阅读教学不仅需要关注学生思维技能的发展，同时也应该注重学生阅读技能的发展。我们认为：小学审辩阅读教学是培养小学生审辩阅读素养的教学活动，其实质是引导学生积极发展深度阅读技能和理性思维品质；它凝聚着深刻的思想性、合理的思辨性、系统的建构性和灵动的创生性；其价值表现在基于对学生审辩阅读素养的培养，进而激发阅读动力、培养独立思考、优化语言思维、增强信息素养和加深社会认知。

第二，探索了小学审辩阅读教学的基本理论形式。在系统论的指导下，本书从审辩式思维理论、阅读认知图式理论、建构主义学习理论和儿童哲学教育理论等多元理论视角，论述了审辩阅读教学的理论构建与实践应用的理论基础；基于教学实践的外在结构与内在生成相互影响的视角，系统阐述了审辩阅读教学的要素、结构、过程和条件。我们认为，小学审辩阅读教学是师生主体间的文本对话过程，它需要遵循一定的思维学、认知心理学、教育心理学和教育哲学的内在规律；它是教师充分运用学生已有认知经验，引导学生从感知文本、分析文本和反思文本等多级阅读层次，有理有据地分析文本、判断信息和表达观点，进而积极发展审辩阅读素养的认知过程。

第三，阐释了小学审辩阅读教学的具体实践方式。本着理论指导实践和服务实践的理念，本书依据前部分所探讨的审辩阅读教学的理论构建，对审辩阅读教学的操作、设计、实施和评价等系列实践问题进行了系统探究。我们认为，在小学审辩阅读教学活动中，教师需要依据不同学段学生的认知特征，遵循情境开放性、思维启发性、表达自主性与价值指导性原则，创设既有真实情境性又有深刻思考性的课堂氛围，坚持以对话式教学交往、启发性问题引导、可视化内容呈现、互动性文本探究和探索性主题拓展等方式，积极帮助学生在阅读中学会理性思考和在思考中学会深度阅读。

第四，验证了小学审辩阅读教学理论形式的合理性与实践方式的有效性。通过对实验组与对照组进行系列审辩阅读技能的测试、审辩式思维倾向的问卷调查和小学生审辩阅读素养发展的预测因素等问题的实证探究，证实了我们有关小学审辩阅读教学的理论形式构建与实践方式探究的合理性，同时为更有效地开展相关教学活动探明了重点方向。

本书最后还根据相关研究结论及当前小学审辩阅读教学的现实境遇和未来需要，对一线语文学科教师提出了可操作性的建议。整体而言，通过对小学审辩阅读教学理论与实践问题的系统探究，本书为相关理论构建和教学实践提供了一定的理论支撑。

在本书撰写过程中，李文玲教授为本书提供了丰富的理论观点和教学指导。在研究过程中，我们得到了实验小学罗坤校长和李军副校长的全力支持，他们尽可能地提供所需实验条件，并带领老师们展开实验研究。这项工作是在我的博士生导师赵微教授的具体指导和直接参与下完成的。在此对他们的支持表示衷心的感谢！特别感谢贵州省铜仁市相关小学的领导、同事对我教学实验的支持；也感谢我现工作单位贵州师范大学教师教育学院的领导和同事对本书的修改提出的宝贵建议；最后，特别感谢刘宇飞博士认真审阅全书，从非常专业的角度，对本书的不断润色和完善提出了诸多颇具建设性的建议。当然，学无止境，由于研究者的学识局限，本书不可避免地存在疏漏与不足，诚恳欢迎各位专家、学者和热衷小学语文阅读教学研究的广大读者给予批判、指正，我们将对您提出的意见和建议表示诚挚的感谢！

向天成

2022 年 6 月

目 录

第一章　导　论
小学审辩阅读教学研究的时代背景 / 2

小学审辩阅读研究的目的与意义 / 13

小学审辩阅读教学核心概念解析 / 15

小学审辩阅读教学研究基本概况 / 30

小学审辩阅读教学研究思路与方法 / 51

第二章　小学审辩阅读教学的内涵意蕴
审辩阅读教学的内涵 / 59

审辩阅读教学的特征 / 67

审辩阅读教学的价值 / 72

第三章　小学审辩阅读教学的理论形式
审辩阅读教学的理论基础 / 79

审辩阅读教学的结构要素 / 92

审辩阅读教学的结构层次 / 97

审辩阅读教学的生成过程 / 101

审辩阅读教学的发生条件 / 106

第四章　小学审辩阅读教学的实践方式

审辩阅读教学的操作策略 / 116

审辩阅读教学的设计思路 / 134

审辩阅读教学的实施过程 / 152

审辩阅读教学的评价路径 / 159

第五章　小学审辩阅读教学的实证研究

实证研究依据 / 176

实证研究过程 / 177

实证研究结果 / 184

实证研究结果分析 / 191

小学审辩阅读教学研究的总结与展望 / 197

附　录

第一章

导 论

阅读是人们生活中最常见的现象，它是帮助人们有效地学习知识、获取信息、建构意义和交流思想等系列社会活动的重要认知方式。在信息化社会，知识与信息的产生呈爆炸式的增长，信息内容的多样化和信息传递方式的多元化，对人们日常的阅读生活、阅读习惯和阅读方式提出了更高的要求。在信息化阅读生活中，"文本的信息匿名化与失真化、数字化阅读的浅表化与碎片化"等问题不断凸显，[①]给人们传统的阅读思维带来了严峻挑战，坚持深度阅读逐渐成为信息化时代生活必备的学习品质和生活技能。

从本质上说，个体深度阅读技能的有效获取离不开理性思维的支撑，同时，良好的深度阅读技能也会促进理性思维的发展。然而，当前基础教育学校语文阅读教学普遍存在"量少质次，结构不合理，效益低下"[②]"缺少涵泳""效果不太理想"[③]等问题，阅读课堂对学生深度阅读和理性思维的关注甚微。审辩阅读教学是一种基于理性思维理论、致力于发展学生深度阅

[①] 李刚、辛涛：《数字化阅读素养：内涵、测评与培育》，载《教育科学研究》，2020（3）：34-38。

[②] 余党绪：《走向理性与清明——整本书阅读之思辨读写》，上海，上海教育出版社，2019。

[③] 温儒敏：《语文教学中常见的五种偏向》，载《课程·教材·教法》，2011，31（1）：76-82。

读技能和理性思维品质的教学活动形式。本章主要对开展小学审辩阅读教学研究的时代背景、核心概念、目的及意义、基本概况、思路与方法等问题进行逐一阐释，以期阐明小学审辩阅读教学研究的时代意义与探究价值，进而明确小学审辩阅读教学研究的根本目的、主要任务和基本思路。

小学审辩阅读教学研究的时代背景

一、秉持深度阅读方式是信息时代生活的迫切选择

以信息丰富性和数字便捷性为主要特征的信息时代，既给人们的日常生活、学习和工作带来了巨大的惠泽与便利，同时也给人们本真的生活形态和朴素的思维方式带来了诸多困扰与挑战。毋庸置疑，信息化和数字化为人们带来的便捷是无法估量的，最显著的功能是让人们能够轻松地超越时空限制，更省时、更经济、更个性化地获取信息与学习知识。在信息化时代，知识与信息的产生呈爆炸式的循环增长态势，集中体现为知识的传播途径与信息传递的工具呈现多元化与多样性。同时，个体由知识与信息的接收者和使用者的单一身份，演变为信息的生产者和传播者等多重身份。面对身边浩如烟海的信息资源、鱼龙混杂的广告资讯和转瞬即逝的知识概念，如何更有效、更准确地获取对自我发展更有用的信息和知识，已经成为信息化时代人们必备的学习品质与生活能力。

阅读是个体准确识别信息、合理判断信息和有效运用信息的重要认知方式。由于信息内容的丰富性和信息获取的便捷性，信息化社会打破了传统单一的纸质阅读形态，出现了以手机、电脑等移动工具为主的多载体电子阅读形态。阅读形态的变化必然引起人们日常的阅读学习和阅读生活的变化，甚至还影响了个体的阅读效能。有研究显示，虽然电子阅读的信息

量大、呈现方式多元化，但是与纸质阅读相比，其阅读效果远不如纸质阅读。[①]从本质上说，以手机、电脑等读屏形式的电子阅读是一种读图式的浅层次阅读，它无法实现传统纸质阅读的系统性和深刻性。例如，一旦个体习惯了手机阅读，便会时刻惦记着查看手机信息，会不自觉地沉浸在碎片化的电子阅读中，当个体再回头阅读纸质文本的时候，往往会出现很难静心阅读的心理状态，这种力不从心的阅读感即为阅读定力匮乏的表现。

电子阅读是信息化社会阅读生活的重要构成部分，人们通过电子阅读获取信息、交流信息和创造信息已成为信息时代的常态。然而，在浮躁的网络阅读环境中，读者容易将原本字斟句酌的"细阅读"慢慢转变为蜻蜓点水的"粗阅读"，无法进行有深度的阅读。[②]传统纸质形态的深度阅读也正在逐渐离人们远去，只要是具有基本认读能力的个体，每天都在不自觉地进行"读图式"的数字化阅读。显然，人们无法改变当前以数字化阅读为主的阅读形态，也无力抗拒电子阅读习惯的养成，因为这是智能时代生活的重要特征。人们唯有优化自我的阅读思维，养成深度阅读的习惯，坚持以深度阅读的方式参与信息化社会的数字化阅读，并通过深度阅读的方式学会理性思考，学会从海量的碎片化数字化阅读中，不断获取系统而深刻的有效知识和有用信息，最终实现个体精神的成长和人格的健全，这样的智能时代阅读生活才是信息化社会有意义的阅读生活。因此，在信息时代，阅读不仅是学生理解书面文字、学会学习和健康成长的重要方式，同时也是个体获取有效信息、内化有用知识、积极参与社会生活和创造社会生活的重要方式。从这个意义上来说，信息化时代的教育，特别是基础教育，理应从小学就开始注重儿童深度阅读素养的培养，帮助学生从小养成深度阅读和理性思考的习惯。

---

① 朱永新：《我的阅读观》，桂林，漓江出版社，2019。
② 白花丽：《指向深层理解的数字化阅读教学研究》，载《教学与管理》，2020（15）：78-80。

二、注重理性思维发展是基础教育革新的应然要求

受经济全球化的影响，人们对利益的追求更加突出，追求高效率和利益最大化成为衡量成功的重要标准。在效率与利益的导引下，人们生活、工作和学习的节奏变得愈加急促。快节奏的社会生活态势，使得人与人之间的关系逐渐疏远，人与人之间的交流和交往更加注重利益与效率。当人们忙于生计、追名逐利、沉溺于感官娱乐以消解内心的劳碌时，人心变得越来越浮躁。① 个体浮躁的内心往往使得自我对事物的认知更为粗浅，人们的生活方式和社会交往方式也变得更加简单和直接，在面对复杂问题时，极易受情绪的支配，常常缺乏审辩式思考和理性思维。

与此同时，现代科学技术促进了大众媒体和自媒体在生活中的广泛应用，大众语言极大地向个人所听、所视、所思、所言渗透，进而取代个性化的语言，人们因此而缺少了"思""想"。② 在儿童辨别能力未充分形成及其认知水平有限的情况下，儿童每天面对并非能自主选择的多种形式媒体的熏染，无意识地接受很多不属于儿童认知范畴的知识经验，势必会造成儿童过早的成人化。过去，孩子们在达到更复杂的阅读水平之前，在有机会阅读更成熟的文字作品之前，成人生活的方方面面对他们而言都是秘密，现在很多内容却成了儿童生活的主导话题。③ 儿童过早的成人化使得儿童和成人的边界模糊，儿童本应持有的思维方式也受到影响。从这个意义上而言，传统被动的知识学习方式、按部就班的信息交流方式、常规接纳的阅读思维方式，必然不再能够很好地适应时代的发展与需要，取而代之的是准确的判断能力、良好的理性思维和独特的创新性思维。

早在 2002 年，美国 "21 世纪学习合作组织"（Partnership for 21st

---

① 刘铁芳：《以阅读开启心智》，载《中国教师》，2010（11）：21-22。
② 刘铁芳：《教育的生活意蕴》，北京，人民出版社，2016。
③ [加]马克斯·范梅南：《教学机智——教育智慧的意蕴》，李树英译，北京，教育科学出版社，2001。

Century Learning）首次提出了"21世纪技能"（21st Century Skills）的概念，他们认为学校教育应该培养学生学习与创新的技能，信息、媒介与技术领域的技能以及生活与职业领域的技能。其中，"审辩式思维"（即"理性思维"）被明确列入"21世纪技能"中"学习与创新"层次的具体培养项目。[①]美国提出"21世纪技能"相关理念后，世界各国逐渐意识到新世纪的社会发展与学校人才培养之间存在许多现实矛盾，例如，学校人才培养如何适应时代的发展、如何满足社会的需求等问题，均成为各国教育界不可回避的难题。因此，不同国家与各地区组织在新时代发展的大背景下，纷纷对各级学校的人才培养目标和培养框架作出了相应调整，陆续提出了全新的类似"21世纪技能"的学校人才培养理念。此次有关学校人才培养目标的调整，被学界称为"21世纪技能运动"。[②]从本质上看，"21世纪技能运动"所关心的人才培养目标和教学改革思想存在许多共通之处。例如，各国的学校人才培养目标包含了相同或相似的学习技能。有研究指出，在不同国家的"21世纪技能"框架中，"理性思维与问题解决技能""合作技能"和"创新技能"是最频繁被提及的三种技能。[③]从国外21世纪学校教育的培养方向看，"理性思维"已普遍成为不同国家基础教育教学关注的重要技能之一，并且"理性思维"已被证实是制约个体知识学习与职业发展的重要影响因素。[④]

从国内基础教育教学改革与发展看，我国从20世纪90年代开始着力于素质教育改革，提倡将原有以学业考试和注重成绩选拔为基础的应试教

[①] 张义兵：《美国的"21世纪技能"内涵解读——兼析对我国基础教育改革的启示》，载《比较教育研究》，2012（5）：86-90。

[②] 邓莉：《美国21世纪技能教育改革研究》[D]，上海，华东师范大学，2018。

[③] Care E., Anderson K., Kim H. "Visualizing the breadth of skills movement across education systems", *The Brookings Institution*, 2016.

[④] Abrami, P., Bernard, E., Borokhovski, D., Waddington, C., Wade, C., Persson, T. "Strategies for teaching students to think critically: A meta-analysis", *Review of Educational Research*, 2014（2）：275-314.

育，转向关注学生德智体美等全面发展的素质教育。进入21世纪后，由于国外"21世纪技能运动"的兴起，结合国内社会发展的实际需要，我国开始研制与提倡核心素养教学改革。2014年3月，教育部公开发布《关于全面深化课程改革 落实立德树人根本任务的意见》，明确提出，"研究制订学生发展核心素养体系和学业质量标准"，组织研究"各学段学生发展核心素养体系""明确学生应具备的适应终身发展和社会发展需要的必备品格和关键能力"，同时还要求各级各类学校依据实际情况，"把核心素养和学业质量要求落实到各学科教学中"。该文件首次将"核心素养体系"的构建与实施，放在了贯彻学校课程改革和落实立德树人的重要位置。2016年9月，教育部基础教育二司正式发布《中国学生发展核心素养》研究报告。该报告从"文化基础""自主发展"和"社会参与"方面，提出学生应具备"人文底蕴""科学精神""学会学习""健康生活""责任担当"和"实践创新"六大核心素养，每类核心素养分别对应三种不同的核心技能。其中，在此核心素养框架下的"理性思维""批判质疑""勤于反思"与"21世纪技能"所倡导的"理性思维"具有本质的一致性。

综上，提倡发展儿童的理性思维主张背后，必然具有深刻的社会原因，关注学生理性思维的发展，是我国基础教育学校人才改革和学科教学革新的应然要求。理性思维是个体对自我的成长、对他人的理解、对时代的进步、对社会的发展、对自然的尊重乃至对整个人类社会未来的可持续发展及其关系的审慎思考活动。理性思维既是个体在学校学习与社会生活中需要不断积累的重要技能，也是个体在实现自我发展与精神成长过程中需要不断凝练的内在品质。随着社会经济的快速发展，人们的生活与交往形式发生剧烈变化，面对多元的价值观念、复杂的社会问题，学会理性思考和合理判断，秉持理性对话与真诚交往必然是人们生存和发展的重要方式。基础教育学校理应从学生踏入学校的第一天开始，承担起发展学生理性思维的重要教学任务,引导学生养成理性思维和独立思考的习惯。

三、关注深度阅读技能是语文学科发展的内在诉求

语文是培养学生准确理解和有效运用语言文字能力的重要学科。我国语文教育思想十分悠久,但语文的学科发展史却很短暂。我国古代没有独立设置"语文"学科,但有关语文教育的活动一直存在。语文教育是"一种集经学、哲学、史学、伦理学与语言教学为一体的综合教育"。① 语文作为正式的学科出现最早在民国时期,1912 年颁布的《小学校令》正式提出设置"国文科",并通过相关文件确立"国文科"的教学目标,明确指出"国文要旨,在使儿童学习普通语言文字,养成发表思想之能力,兼以启发其智德"。② 1922 年调整后的中小学学制,将"国文"改为"国语",并将"国语"的教学内容规定为:语言、读文、作文和写字。

中华人民共和国成立后,1950 年国家颁布的《小学语文课程暂行标准(草案)》中正式提出"语文"这一学科术语,用"语文"替代"国语",并明确语文学科在培养学生语言能力的同时,需要积极发展学生思想政治教育的学科教学任务。1963 年《全日制小学语文教学大纲(草案)》中强调了语文学科的基础性作用,指出语文是学习各门学科知识和从事各种社会工作的基础。在此时期,语文工具论成为语文教育教学的指导思想。③ 改革开放后,随着义务教育制度的正式实施,1988 年,国家教委首次将小学课程和初中课程作统一设计,充分强调了各学科课程知识结构在不同学段之间的内在联系;同年颁布的《九年制义务教育全日制小学语文教学大纲(初审稿)》,从听、说、读、写等方面,对小学、初中各年级语文学习作了系统要求,同时强调教师需要正确处理"传授知识和发展智力、培养能力的

---

① 耿红卫:《中国语文教育史教程》,济南,山东教育出版社,2016。
② 课程教材研究所:《20 世纪中国中小学课程标准·教学大纲汇编(语文卷)》,北京,人民教育出版社,2001。
③ 顾之川:《新中国语文教育理论依据 70 年》,载《中国教育科学》,2019,2(5):69-76。

关系",体现了语文学科教学的系统性和连贯性。1992年颁布的《九年制义务教育全日制小学语文教学大纲(试用)》中指出,语文学科的主要教学任务在于帮助学生"切实打好听说读写的基础,加强思想教育,发展观察能力和思维能力",通过语文学科发展小学生思维能力已得到国家的重视。

进入21世纪后,面对新时代社会发展的需求,2001年教育部颁布了《全日制义务教育语文课程标准(实验稿)》,从知识与能力、过程与方法、情感态度与价值观三个维度,对语文课程目标作了系统设计。首次提出语文课程需要注重"综合性学习",有效地"促进学生听说读写等语言能力的整体推进和协调发展",强调了发展学生系统性的语文学习思维。经过10年新课程的实践开展与对教学经验的总结,2011年教育部修订并颁布了《义务教育语文课程标准(2011年版)》,该课程标准"把握了语文素养的核心",[①]着重强调了"语文素养"的理念,明确指出语文课程的目标是"着眼于语文素养的整体提高",并在2001年课标的基础上进一步深化了阅读教学的概念,将阅读教学是"学生、教师、文本之间对话的过程",拓展为"学生、教师、教科书编者、文本四者之间的对话过程",这集中体现了语文学科教学和阅读教学向更多维的互动探究形式发展,为在阅读中发展学生的思维能力提供了重要依据。特别是近年来"核心素养"的概念提出后,各学科围绕"核心素养"重新定位课程培养目标。例如,《普通高中语文课程标准(2017年版)》从"语言建构与运用""思维发展与提升""审美鉴赏与创造""文化传承与理解"四个方面构建了语文学科核心素养,从立德树人的整体视角明确了新时代语文教育的发展目标,为进一步培养学生的阅读思维能力指明了方向。

从语文学科的发展历程看,语文学科的课程目标大致经历了从关注语言基本能力的发展,到注重语文知识的传授、思想政治和思维品质的引导,

---

[①] 吴格明:《义务教育语文课程标准(2011年版)》的进步,载《中学语文教学》,2015(2):11-13。

到语文能力的发展与语文素养的培养,再到语文学科核心素养的培育。语文学科课程目标的变化历程,一方面充分体现了语文学科与时俱进的时代特征,语文课程一直在不断完善和发展;另一方面,从目前语文学科的课程目标具体内容看,当前提倡的"语文素养"和"语文学科核心素养",其内涵比以往语文课程强调的"语文知识"或"语文能力"更为丰富和深刻。"语文素养"和"语文学科核心素养"不仅涵盖一般意义上的"听说读写"语言能力,同时还从个体整体素养的发展视角,强调文本对个体语言能力的动态促进过程和文化对个体人格素养和关键品质的积极形成过程。其中,在语文具体教学活动中,不断关注学生思维品质的发展和培养学生的思维能力,一直是语文学科没有忽视的教学内容。

语文课程是正式开启个体阅读发展的学习载体,个体从学校语文教育中获取正确的阅读认识、有效的阅读策略和灵动的阅读思维等。从这个意义上看,阅读作为语文学科的一种重要语言技能,语文学科的培养目标必然要求阅读教学理念和阅读教学方式的变化,同时,阅读教学理念的变化也是当前社会人们阅读生活形态的重要反映。例如,随着《普通高中语文课程标准(2017年版)》中对"语文学科核心素养"概念的明确,2017年语文高考卷的阅读试题首次出现了"推断命题"的题型,以考查学生的逻辑思维能力。从本质上看,在阅读中关注个体的逻辑推断能力是考查学生深度阅读技能发展的重要体现。《义务教育语文课程标准(2022年版)》明确将"思维发展与提升"列为小学语文核心素养之一,为小学生发展阅读思维能力提供了学科依据。与此同时,从当前部编版小学语文教材课后的练习题可以发现,很多课文阅读题目也在逐渐关注学生深层次阅读技能的发展。小学语文教育致力于发展儿童的健全心智,而阅读能力是健全心智的核心元素,[①] 发展学生良好的阅读思维能力必然是小学语文学科

---

① 朱自强:《论小学语文阅读教学的"深入阅读"模式》,载《课程·教材·教法》,2020,40(3):10-15。

教学的重要任务之一。综上，在信息化时代背景下，积极关注学生的深度阅读技能无疑是语文学科教学变革与发展的内在诉求，并且从小学阶段就开始重视学生深度阅读技能的培养，已经是当前语文学科教学不可回避的话题。

四、发展审辩阅读素养是阅读教学深化的必然要求

阅读是个体从书面文字中获取信息、增长知识和实现精神成长的重要方式。学生的阅读能力直接影响其综合语言能力的发展、各学科知识的学习质量和核心素养的形成。阅读是一切教育的基础，[1]良好的阅读教学对学生有效实现各学科知识的学习以及积极适应社会生活发挥着主导作用。阅读教学作为语文学科教学的重要组成部分，其观念变化一方面受语文学科教学理念的制约，存在显著的学科特性；另一方面也受社会民众知识文化需求发展的影响，具有明显的时代特征。

首先，由于人们对语文学科教学的认识是不断深化的发展过程，语文学科教学目标的变化主要经历了从培养语文能力，到发展语文素养，再到培育语文学科核心素养的过程，阅读教学也随之发生了从"教课文"向"教阅读"的转变。在注重培养学生语文知识和语文能力发展阶段，阅读教学主要表现为"教课文"。"教课文"是指"把课文的内容当作教学的主要目标"，[2]它的显著教学特征是教师侧重于引导学生对课文内容本身的理解与把握。在关注发展学生语文素养和语文学科核心素养阶段，阅读教学则更多地体现为"教阅读"或"教读书"。其主要特点是教师引导学生在理解课文的基础上，强调学生对阅读方法的把握和阅读技能的提高。"教阅读"的教学目的在于帮助学生通过课内阅读学习，逐渐学会自主阅读。

---

[1] 刘学坤：《阅读的时代遭遇》，载《图书馆理论与实践》，2020（4）：81-84。
[2] 傅登顺：《"教课文"向"教语文"转换的学理与策略思考》，载《中小学教师培训》，2011（8）：41-43。

"教课文"与"教阅读"或"教读书"既有本质的区别,也存在密切的联系。从本质上说,"教课文"主要关注学生对课内学习的把握,即对课文文本内在要素与整体内容的理解;"教阅读"则更关注学生对文本意义的创新建构,即从课内学习走向课外运用与生活实践。从以上两种阅读教学形态的内在联系看,"教课文"关注的是学生一般阅读学习任务的完成;"教阅读"指向学生阅读素养的发展,前者是后者的基础,后者是前者的深化与拓展。例如,近年来提倡的"群文阅读"教学,则是一种典型的"教阅读"的教学形式,其要旨是引导学生对相同或相近主题的不同文本进行对比阅读,以培养学生的对比分析、联想想象、质疑反思、综合评价等思维能力;[①]另外基础教育学校特别强调的学生课外自主阅读,甚至语文课标也明确规定了各学段学生课外阅读量、阅读范围等,均体现了语文阅读教学由"教课文"转向了"教阅读"。从深层次意义来讲,"教课文"向"教阅读"或"教读书"的转变,集中反映了语文阅读教学对学生语言思维训练和阅读思辨能力培养的重视。[②]

其次,由于不同时代人们对知识文化需求的差异,也会间接影响学校的阅读教学观念。随着国家义务教育法的颁布和"两基"(基本实施九年义务教育和基本扫除青壮年文盲)教育政策的落实,自 20 世纪 80 年代至 21 世纪初,全面实现"两基"是全国各地基础教育的重要任务之一。语文作为重要的基础工具性学科,对"基本扫除青壮年文盲"发挥着重要的作用,特别是在经济落后地区,"认字识字"成为语文学科教学的重中之重。因此,在"两基"教育背景下,基础教育学校尤其是小学、初中的阅读教学主要坚持以"认字识字"和发展基本阅读技能为主。例如,在学生阅读学习的具体要求方面,对课文字、词的认读和听写的考查力度远远大于对文本内

[①] 韦芳:《小学语文群文阅读教学样态及反思:基于课堂观察的分析》,载《教育导刊》,2019(6):62-66。
[②] 徐志伟:《从"教课文"到"教语文"》,载《中学语文教学》,2019(10):27-33。

在意义的深入理解与自我建构的要求。随着生产力和科技的快速发展，尤其是在信息化和数据化的影响下，人们对知识文化的需求已从"量"向"质"转变，社会对学校人才培养的要求也发生了根本性变化。传统的学科教学观念已很难适应社会的发展，基于学科特点发展学生的思维能力和创新能力已逐渐成为各学科课程的重点。2001年《全日制义务教育语文课程标准（实验稿）》明确提出："提倡多角度、有创意的阅读，利用阅读期待、阅读反思和批判等环节，拓展思维空间，提高阅读质量。"进入21世纪以来，基础教育学校的阅读教学在继续关注学生"认字识字"和基本阅读技能的基础上，同时强调从文本中获取积极的情感体验和生活感悟以及对文本的深层次反思和自我观点的构建与表达等。于是，在具体的教学实践中，不断出现了诸如探究性阅读、反思性阅读、创造性阅读等多样化的阅读教学形式，旨在帮助学生提高其综合思维能力和整体阅读素养。[1]

智能时代阅读生活的形态变化，数字化阅读方式逐渐普及，近年来所提倡的"整本书阅读"更加突显了阅读教学的时代性及阅读教学理念的不断深化。整本书阅读教学超越了传统单篇阅读教学和一般群文阅读教学，意在通过多样化的阅读方式引导学生，通过对更为系统和更为复杂的文本进行"整本书"的阅读训练，逐步实现对学生整体阅读思维能力和综合阅读素养的培养。综上，基础教育学校的阅读教学观念是紧随着不同时代人们的知识文化需求及其不同的阅读生活形态和语文学科教学的革新而不断深化的。语文阅读教学不断深化的过程突显对发展学生审辩阅读素养的密切关注，其实质是对新时代背景下发展学生深度阅读技能和理性思维素养的积极关注。

---

[1] 余党绪：《阅读的转型：从印证性阅读到思辨性阅读》，载《教育科学论坛》，2020（19）：27–32。

小学审辩阅读研究的目的与意义

一、研究目的

在信息化时代背景下，积极关注小学生深度阅读技能的发展和理性思维品质的形成，是教育面向学生未来发展的需要。鉴于当前社会阅读生活、基础教育学校人才培养、语文学科内涵发展和阅读教学理念的深化，以及对个体深度阅读技能和理性思维品质发展的积极诉求，本书在前人相关研究的基础上，系统探究小学审辩阅读教学的基本理论构建和具体实践方式，回答如何有效开展小学审辩阅读教学的根本问题，以期为有效促进小学生初步掌握深度阅读基本技能和逐步养成理性思维的习惯提供理论依据与实践经验。

二、研究意义

审辩阅读教学是教师引导学生对文本信息进行深入分析与合理反思的教学活动，其实质是指导学生基于文本信息的审慎思考、可靠推理与合理判断，最终实现对文本信息的准确理解与创新建构。在信息化时代背景下，积极关注小学生深度阅读技能的发展和理性思维品质的形成，不仅是小学语文学科教学发展和阅读教学深化的必然要求，更是学校教育面向学生未来生活发展、帮助学生不断实现自我建构与自我发展的潜在需要。因此，科学而合理地探究小学审辩阅读教学的理论与实践问题，对帮助小学生获取深度阅读技能和发展理性思维品质有着重要的理论意义和实践价值。

具体而言，在理论意义方面，首先，审辩阅读教学是审辩式思维教学的亚类型，审辩阅读教学是以语文学科中阅读教学活动为载体的一种审辩式思维教学。除基于语文学科外，还可基于历史、地理、化学、艺术、社会综合实践等学科或课程进行审辩式思维教学，发展学生的理性思维能力。从这个意义上看，依据理性思维原理和语文学科的阅读教学特性，深入探究小学生审辩阅读教学问题的相关理论，必然能够为有效发展小学生理性思维提供理论解释，为系统构建以学科教学为载体的理性思维的培育模式提供理论依据。其次，从阅读教学的领域特殊性看，审辩阅读教学是一种培养学生深层次阅读能力的教学形式，是对只注重字词句基本认读和一般感知性或印证性文本理解的常规阅读教学形式的超越与发展。从这个角度来说，审辩阅读教学是语文阅读教学的一种特殊形式。因此，对小学审辩阅读教学的基本问题进行系统的理论探索与实践反思，无疑是对语文阅读教学基本理论的拓展与深化，为不断创新与发展基础教育的小学语文深度阅读教学提供理论支撑。

从实践价值来看，首先，教师对审辩阅读教学实践的合理开展和有效实施，必然会帮助学生掌握深度阅读技能，不断提高其阅读素养，指导学生逐步养成独立思考、辩证思考的习惯，树立理性意识，进而改变其常规性、片面性的思维方式，优化其思维品质和完善其人格修养，最终帮助学生有效适应社会的发展，积极创造有价值的生活。因而，良好的审辩阅读教学既是帮助小学生获取语言知识、发展深度阅读技能和提升综合语言能力的重要过程，又是引导小学生学习推理、发展理性思维和养成独立思考习惯的重要方式。其次，教师通过对审辩阅读教学的理论形式和实践方式的有效学习、积极应用和不断的实践反思，必然会促进其加深对审辩阅读教学实践的科学认识，增进教学智慧，进而自觉完善和创新审辩阅读教学方式和教学思维，最终有效提高阅读教学效率和阅读教学质量。

小学审辩阅读教学核心概念解析

一、审辩阅读相关概念解析

（一）深度阅读

我们依据阅读认知图式理论和布鲁姆的认知目标分类理论，按照个体一般阅读认知的发展顺序，将学生的阅读分为基础性阅读和深层次阅读两种类型（详细论述见"深度阅读"与"审辩阅读"的概念辨析），其中，基础性阅读包括认读、释读、感知性阅读，深层次阅读（即深度阅读）包括分析性阅读、反思性阅读。阅读的具体分类如图 1-1 所示。

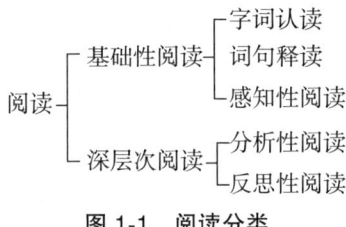

图 1-1　阅读分类

在本书中，深度阅读等同于深层次阅读，是一种超越字词认读、词句释读和一般文本感知性阅读的阅读方式，是信息化社会的一种理想的阅读技能。它具体指个体为了获取深层次的文本意义，即在字词认读、词句释读和文本感知性阅读的基础上，对文本的具体内容、结构、主题、结论等进行系统的分析、推断、反思和评价的阅读活动方式或阅读认知过程。

（二）理性思维

一般来说，个体的思维活动因其使用的知识经验和连通认识媒介的性质差异，可分为形象思维、逻辑思维和创造思维三种基本类型。[①] 相对于非理性思维，理性思维具有明确的思维方向，是一种能够对事物的内在本质、

---

① 田运:《思维论》，北京，北京理工大学出版社，2000。

规律、特征等进行独立的、多维的、灵活的合理性反思的思维活动或认知方式。理性思维是引领学生学习与发展的重要条件，培养学生的理性思维是学科教学发展的重要目标。

（三）审辩式思维

审辩式思维（Critical thinking）通常被称为"批判性思维"，是一种建立在可靠证据基础上，对问题进行有理有据的分析、推理与论证的认知过程或认知方式。在本书中，审辩式思维包含汉语语境下批判性思维的内涵，它是理性思维的具体表现形式，是促进学生学会系统分析、合理判断和有效评价的重要依托。

（四）审辩阅读

审辩阅读是指对文本的具体内容和整体结构进行独立思考、辩证分析、合理质疑和理性反思的阅读认知方式或阅读认知过程，包括对字、词、句、段和篇章等的系统分析与深入探究。审辩阅读的最终目的是实现深度阅读，即更准确地获取文本信息、理解文本内容和建构文本意义。本书着重探讨对篇章的阅读认知问题，主要关注个体的感知性阅读、分析性阅读和反思性阅读技能的发展。

（五）审辩阅读教学

审辩阅读教学是一种基于文本载体，以问题探究与问题引导为主线，致力于发展学生审辩阅读素养的教学活动。审辩阅读教学的根本目的是发展学生深度阅读技能和理性思维品质。审辩阅读素养包括审辩阅读技能和理性思维品质。其中，审辩阅读技能是指对文本进行感知、分析和反思的能力；理性思维品质是指独立地、辩证地、有理有据地分析和思考问题的认知倾向和人格特征。

二、相关概念辨析

（一）理性思维、审辩式思维、批判性思维、反思性思维

1. 理性思维与审辩式思维的关系

理性思维与审辩式思维是个体学习与生活中不可或缺的两种思维形式。理性思维作为一种与非理性思维（即感性思维）相对的思维形式，它是"人们判定一切存在的合理性的法庭"，[①] 其强调对事物的内在性进行合理分析。审辩式思维是一种讲求理据和逻辑推理的思维形式，强调对"自己及他人思维的分析和评估"。[②] 由此可以看出，理性思维和审辩式思维均是个体学习与生活的理想思维形态，均对个体的学习活动与生活实践有着重要的指引作用，且二者之间具有紧密的联系。为了厘清理性思维与审辩式思维的内在关联，我们从相关术语的理论内涵及对已有相关定义的研究出发，对二者之间的内在联系进行系统阐释。

思维是个体借助一定知识经验或认识媒介对事物的结构特征、本质内涵及其发展规律等进行间接性和概括性的反映过程。一般来说，个体的思维可分为形象思维、逻辑思维和创造思维三种基本类型。形象思维和逻辑思维的主要区别在于思维活动中连通媒介的性质，连通媒介是抽象知识的为逻辑思维活动，连通媒介是形象知识的则为形象思维活动。创造思维是逻辑思维和形象思维的结合，是对事物进行符合"反映同一律"的推陈出新的思维活动。[③] 理性是人类独有的行为特征，是人区别于动物的重要标志。具体而言，理性是指"人的概念、判断、推理等思维形式和思维活动的能力"。[④] 理性是一种超越感性的意识活动。[⑤] 个体的理性思维是相对其感性思

[①] 于伟：《理性与教育》，合肥，安徽教育出版社，2009。
[②] 马利红、魏锐、刘坚等：《审辩思维：21世纪核心素养5C模型之二》，载《华东师范大学学报（教育科学版）》，2020（2）：45-56。
[③] 田运：《思维论》，北京，北京理工大学出版社，2000。
[④] 吴增基、张之沧、钱再见等：《理性精神的呼唤》，上海，上海人民出版社，2001。
[⑤] 田运：《思维是什么》，载《北京理工大学学报（社会科学版）》，2000，2（2）：31-34。

维而言的，理性思维与感性思维均为个体生活、学习和工作不可缺少的两种重要思维形式和思想能力，二者既有区别，也有联系。①

首先，感性思维多以形象思维为基础，是个体凭借其感觉和直觉对事物外部进行直观感知、直觉判断的思维形式。理性思维往往以逻辑思维为基础，是一种建立在规范的推理和有效证据上的思维方式，具有明确的目的性，讲求理据；理性思维往往关注事物的内在本质和规律，强调从微观层面进行分析，进而实现对事物的宏观把握。其次，感性思维是理性思维的基础，理性思维是对感性思维的超越。理性思维不是与生俱来的，需要后天规范的训练，逐渐习得。基于学科教学发展学生的思维能力，教师需要坚持辩证的观点，充分考虑感性思维和理性思维的辩证关系。因此，在本书中，理性思维是相对感性思维而言，根据明确的思维方向，在合理利用感性思维的基础上，对事物内在本质、规律、特征等进行独立的、多维的、灵活的合理性反思的认知活动或认知方式。

学术界关于"审辩式思维"的定义有很多，目前并没有统一说法，各种定义的侧重点不一样。美国审辩式思维研究专家罗伯特·恩尼斯（Robert Ennis）从审辩式思维的内在属性和根本目的视角对其进行高度概括，认为审辩式思维是"为了决定取信什么或是从事什么之前所进行的理性而深入的思考"。②20世纪90年代，美国哲学界采用德尔菲方法，就审辩式思维的概念内涵向哲学领域和教育领域的46名相关权威专家进行调查研究，研究结果得到专家组的一致认可。该研究从结构要素视角对审辩式思维的概念作了较全面的描述，指出审辩式思维包含认知技能和人格气质两方面的内容。在认知技能方面，审辩式思维是一种"有目的的，不断自我调整的判断"，这种判断主要体现在个体对问题的"解释、分析、评估、推论"方面，

---

① 刘世铨、和平：《理性与非理性》，呼和浩特，内蒙古大学出版社，2002：1-2。
② Ennis, R. H. "Critical Thinking: A Streamlined Conception", *Teaching Philosophy*, 1991, 14（1）：5-24.

并强调个体在对问题作出判断时需要阐明"证据、概念、方法、标准和其他必要背景条件"。在人格气质方面,审辩式思维主要体现为"好问""理智""灵活""谨慎""公正""专注"等思维特质。① 埃德与保罗认为,审辩式思维是指个体使用适当标准分析自己思维的能力。② 科茨等人从审辩式思维的具体原则出发,对审辩式思维的基本内涵进行概述,认为个体学习与发展审辩式思维的实质是要熟悉审辩式思维过程的以下特有原则:"发现和质问基础假设""检查事实的准确性和逻辑性的一致性""说明背景和具体情况的重要性"和"想象和开创替代选择"。③

在国内,谢小庆在其专著《审辩式思维》中,从审辩式思维的主要行为特征出发,将"审辩式思维"简明扼要地概括为十二字:"不懈质疑,包容异见,力行担责"。④ 马利红、魏锐和刘坚等人基于审辩式思维的结构要素,系统阐释了审辩式思维的概念内涵,认为审辩式思维具体包括"质疑批判""分析论证""综合生成"和"反思评估"四种认知能力;同时指出,具有审辩式思维素养的人,在面对周围不同事物时,不但能够提出质疑、理性分析和积极探索有效的解决方案,还能够尊重他人看法、积极容纳与自己不同的观点和看法。⑤ 学术界对上述几种审辩式思维的定义的认可度较高。就相关定义的实质而言,审辩式思维并不是一种简单的认知能力,而是一种复合的认知形态,它是个体静态认知形式与动态认知过程的结合体,在这结合体中不仅包括质疑、解释、分析、评估、判断、推论等具体的认知技能,还包含了理性、公正、灵活、专注等抽象的情感认知和人格气质

---

① 谢小庆:《审辩式思维》,上海,学林出版社,2016。
② Elder, L., Paul, R. "Critical thinking: why we must transform our teaching", *Journal of Developmental Education*, 1994, 18 (1): 34-35.
③ [加] 董毓:《批判性思维原理和方法:走向新的认知和实践》,北京,高等教育出版社,2010。
④ 谢小庆:《审辩式思维》,上海,学林出版社,2016。
⑤ 马利红、魏锐、刘坚等:《审辩思维:21世纪核心素养5C模型之二》,载《华东师范大学学报(教育科学版)》,2020(2):45-56。

的融合。简言之，审辩式思维是建立在合理的证据与可靠的理由基础上，能够有理有据地分析与论证问题的能力。

从本质上看，理性思维是一种独立的、合理的、辩证的和灵动的良好思维方式和思维品质的集合，审辩式思维是一种实现独立的、合理的、辩证的和灵动的思维能力和思维品质的重要方式。从这个意义而言，审辩式思维是理性思维的主要实现方式。因而，审辩式思维蕴含着理性思维的特征，个体进行审辩式思维的目的是培养理性思维。我们认为，理性思维是审辩式思维的内容主体，审辩式思维是理性思维的具体表现形式。具体而言，教师指导学生发展理性思维的过程需要关注学生的审辩式思维方法及其对审辩式思维方法的有效运用，同时学生的审辩式思维发展也需要体现理性思维的具体特质。

2. 审辩式思维与批判性思维的关系

"审辩式思维"是英文"Critical thinking"的中文翻译，其常见的另一中文翻译是"批判性思维"。"审辩式思维"成为中文正式术语还是近几年的事，其原因主要有两方面。一方面源于对"Critical thinking"中文翻译的质疑。国内外学者对"Critical thinking"这一研究术语有不同的中文翻译，如批判性思维、审辩式思维、明辨性思考、辨识性思考等，其中"批判性思维"尤为常见。近年来，有研究者认为，将"Critical thinking"翻译为"批判性思维"并不准确，因为"批判性"在中文语境中带有攻击性和破斥性感情色彩。[1] 例如，当我们听到要学习批判性思维，很容易让我们误认为是学习如何批判别人和攻击他人。另一方面，对"审辩式思维"术语的使用，是出于对信息化时代背景下人们如何有效选择与合理判断复杂信息等问题的探究。受全球化和信息化的影响，知识与信息呈爆炸式发展态势，同时人们的生活节奏不断加快，人们面临着诸多选择和判断的困惑。有研究者认为，我们不仅需要批判性思维，不断追求创新，更需要对周围

---

[1] 杜国平:《批判性思维辨析》，载《重庆理工大学学报（社会科学）》，2014（9）：1-5。

事物或自己从事职业的现实及其未来发展进行理性认识和有效预测。[①]因此,"审辩式思维"也就不断被相关研究者所提及和倡导。

"批判性思维"这一中文术语在国内主要被运用于哲学、逻辑学和教育学等研究领域。在不同的研究领域,其意义略有不同。首先,在哲学研究领域,孙正聿在其《哲学通论(修订版)》一书中,基于马克思主义哲学理论指出,人对自我及其世界关系的认识总是表现为"肯定理解的同时包含否定理解",批判和变革是哲学的重要特征。[②]因而,按照其观点,批判性思维是指个体在认识活动中的肯定与否定的辩证统一。欧阳康从人类进步发展视角肯定了批判性思维的重要作用,认为批判性思维是"一种最常规的人类思维,它与人的开放性、超越性联系在一起,是人类文明进步最为重要的主体性条件"。[③]其次,在逻辑学研究领域,谷振诣和刘壮虎在其专著《批判性思维教程》中吸取了恩尼斯相关定义的内涵,认为批判性思维是"面对相信什么或者做什么而作出合理决策的思维能力",并指出,批判性思维的本质是"提出恰当的问题和作出合理的论证的能力"。[④]武宏志和周建武在其著作《批判性思维——论证逻辑视角》中指出,德尔菲报告是当前国外批判性思维权威专家的研究共识,因而该著作直接沿用了德尔菲报告中相关定义。[⑤]再次,在教育学研究领域,刘儒德在总结西方教育研究领域对学生批判性思维发展的研究后,认为批判性思维是指"对所学的东西的真实性、精确性、性质与价值进行个人的判断,从而对做什么和相信什么作出合理决策"。[⑥]钱海锋和王伟群在探讨批判性思维的内涵时认为,批判性思维是"主体创造性地运用对话和反思的方法以解决自己应该信什

---

① 许兰萍:《以审辩式思维指导脑卒中的防治》,载《医学与哲学》,2016,37(6):8。
② 孙正聿:《哲学通论(修订版)》,上海,复旦大学出版社,2014。
③ 欧阳康:《批判性思维的前提性反思》,载《高等教育研究》,2012,33(11):71-75。
④ 谷振诣、刘壮虎:《批判性思维教程》,北京,北京大学出版社,2006。
⑤ 武宏志、周建武:《批判性思维——论证逻辑视角》,北京,中国人民大学出版社,2010。
⑥ 刘儒德:《批判性思维及其教学》,载《高等师范教育研究》,1996(4):62-67。

么的问题的过程"。①苏慧丽和于伟在阐释批判性思维教育的前提问题时，认为"批判性思维是一种以否定之否定为核心内质，基于人与世界的否定性统一关系、人的否定性精神特征的认知能力"。②钟启泉在梳理恩尼斯、麦裴克（McPeck）、保尔（Paul）等人关于批判性思维相关定义的特征后指出，"多元逻辑探究""秉持开放心态""践行自我反思"是发展批判性思维的三大要素。③

就上述相关定义而言，首先，哲学研究领域对"批判性思维"的理解，主要基于辩证法观点，对人的认识本质和思维特征进行深层次解释。个体对事物的认识总是遵循批判、反思、变革等哲学逻辑，因而，质疑批判是人们实现理性认识的一种重要方式。批判性思维是追求不断质疑、解构和重构的过程；审辩式思维则是追求合理分析与有效论证的结果。因而，在哲学研究视域下，"审辩式思维"与"批判性思维"并不重合。尽管二者内涵各有所指，但是哲学研究中长久以来对"批判性思维"和"理性思维"的本质、结构和功能的研究，可为本书中"审辩式思维"相关问题的研究提供一定理论思考。

其次，逻辑学和教育学相关研究者对"批判性思维"的界定主要是对国外恩尼斯研究和德尔菲报告中的相关定义的继承与沿用。从这个角度来说，"审辩式思维"和"批判性思维"的本质内涵具有一致性，二者都从属于理性思维的研究范畴，国内逻辑学和教育学研究者的相关定义都蕴含对理性思维的培养与塑造。由此可见，"审辩式思维"术语的出现，并不完全是因为人们对英文"Critical thinking"翻译为"批判性思维"的中文语境的分歧，更多还是由于信息化时代，人们对理性思维的迫切需要及对理性

---

① 钱海锋、王伟群：《论批判性思维的内涵及其教学》，载《教育科学论坛》，2007（1）：8-10。
② 苏慧丽、于伟：《否定性——儿童批判性思维培养的前提问题》，载《教育学报》，2019，15（4）：27-34。
③ 钟启泉：《批判性思维概念界定与教学方略》，载《全球教育展望》，2020，49（1）：3-16。

思维的理论与实践研究不断深化的结果。综上，我们认为，在哲学研究领域，批判性思维是一种质疑评判的思维方式，它是个体用质疑的态度、怀疑的精神和否定与肯定辩证统一的思维对事物的概念、理念、观点进行不断解构和重构的能力。在哲学层面上，"审辩式思维"和"批判性思维"均从属于理性思维，"批判性思维"是"审辩式思维"的基础。本书对"审辩式思维"问题的研究取向，将秉承相关研究者关于审辩式思维的理解，同时也合理吸取逻辑学和教育学研究领域关于"批判性思维"问题研究的成果。因而，我们认为，中文文献里关于逻辑学和教育学研究领域出现的"批判性思维""批判性技能"均与"审辩式思维"同义，均是指个体经过审慎思考、辩证分析、合理推理、理性判断和有效探究而形成有理据性观点的能力。

3. 审辩式思维与反思性思维的关系

与"审辩式思维"相近的另一个术语是"反思性思维"（Reflective thinking），也称为"反省思维"，指个体对事物的特征、属性、本质、规律等方面的内容及其深层依据进行合理反思的能力。对"反思性思维"的正式研究源于约翰·杜威（John Dewey），杜威在新版的《我们怎样思维·经验与教育》一书中明确指出，反思性思维是"最好的思维方式"，它是"对某个问题进行反复的、严肃的、持续不断的深思"。[①] 杜威在书中对反思性思维的各种特征进行系统描述，认为反思性思维具有明确的目的，即旨在获得有事实依据的结论，不是漫无边际地想象；反思性思维的过程是"连续性的"，不是偶然发生的，不仅包括连续的"观念"，同时还包括一种连续的"次第"，即反思性思维的结果。杜威在书中还指明了反思性思维的"观点"和"结论"之间存在必然的逻辑联系，即前者是后者的基础，后者是前者的"正当结果"。自从杜威系统论述了反思性思维的特征及其教学问题

---

① [美] 约翰·杜威:《我们怎样思维·经验与教育》，姜文闵译，北京，人民教育出版社，2005。

之后，人们对个体的思维发展及培养有了更深刻的认识。

关于"反思性思维"和"审辩式思维"的具体关系，谢小庆在《审辩式思维》一书中指出，审辩式思维研究可以上溯到杜威提出的"反思性思维"，反思性思维模式包含了后来审辩式思维的主要元素，并推动了美国教育界和心理学界对审辩式思维模式的研究。①董毓在《批判性思维原理和方法：走向新的认知和实践》中论述审辩式思维的发展历程时指出，人们对审辩式思维的研究源于"对认识的认识"，认为杜威的"反思性思维"只是立足于对当时"科学方法"的认识，而后来的"审辩式思维"研究不仅需要立足于"科学方法"的问题，还需要思考"理性标准"的问题，人们对"科学方法"和"理性标准"的认识，积极推动审辩式思维的系统研究。②依据相关研究者观点，反思性思维问题的研究是审辩式思维问题的研究基础，审辩式思维问题的研究是反思性思维问题研究深化的结果。因此，我们认为，审辩式思维与反思性思维均从属于理性思维，反思性思维是审辩式思维的重要内容和基本方式之一。

（二）深度阅读与审辩阅读、批判性阅读、思辨性阅读

1. 深度阅读与审辩阅读的关系

深度阅读和审辩阅读是个体适应信息化社会阅读学习和阅读生活的两种重要阅读形态或阅读技能，二者既有细微的区别，也有着紧密的内在联系。本书结合个体文本阅读的发生过程及其与阅读认知的内在逻辑关系，对深度阅读和审辩阅读之间的细微区别及其内在联系作进一步阐释。

《中国大百科全书》"阅读心理"条目对"阅读"的解释："阅读是一种从书面言语中获得意义的心理过程。阅读也是一种基本智力技能，这种技能是取得学业成功的先决条件，它是由一系列的过程和行为构成的总

---

① 谢小庆：《审辩式思维》，上海，学林出版社，2016。
② [加]董毓：《批判性思维原理和方法：走向新的认知和实践》，北京，高等教育出版社，2010。

和。"① 国外学者斯诺林与休姆从认知心理学的视角认为，阅读是"一项重要、复杂的认知活动，主要包括基本的视觉分析、字形加工、语音加工和语义通达四个过程"。② 由此可以推断，阅读是一种复杂的心理认知过程，是个体从书面符号中获取意义、提取信息和处理信息的系列认知加工过程。同时阅读也是一种综合能力的结合体。③ 从这个层面而言，阅读不仅需要有识别书面符号、获取知识的能力，如字词认读能力、词句释读能力、观察力、想象力等，而且也需要具备分析、运用知识的能力，如推理能力、归纳能力、评价能力、表达能力、实践能力等。

阅读有广义和狭义之分。在广义层面，阅读是指个体从文本中获取意义的认知活动；狭义层面是指"深阅读、厚阅读、经典阅读等"④。从实质而言，阅读是个体积极吸取文化意义影响的一种重要智力技能，它是支撑个体基于书面文字系统进行合理社会性发展和充分个性化展现的有效认知方式。由于阅读主体参与阅读活动的目的、方式和水平的差异，人们的阅读形态呈现出不同的类型。例如：依据阅读目的的不同，可以划分为学习性阅读、欣赏性阅读、研究性阅读和创造性阅读；根据阅读方式的不同，有朗读与默读、精读与略读、全读与跳读等形式之分；按照阅读水平的差异，可以将阅读分为幼儿阅读、青少年阅读、成人阅读，同时在成人阅读中，还可细分为基础阅读、职业阅读和专家阅读等。⑤ 为了更为直观地理解个体的阅读认知过程及其活动类别，本书根据阅读认知图式理论中自下而上的阅读认知加工特点，即个体的阅读顺序总是遵循从字词解码层面向文本意义理解层面发展，同时也参照布鲁姆认知领域目标的具体分类观点，即识

---

① 马登龙、高振林、蔡怀平等：《阅读概说》，沈阳，辽宁大学出版社，1987。
② Snowling, M. J., Hulme, C. "The Science of Reading: A Handbook", Oxford: Blackwell, 2005.
③ 高瑞卿：《阅读学概论》，长春，吉林教育出版社，1987。
④ 卢锋：《阅读本质的再思考》，载《山东图书馆学刊》，2010(4)：34-37。
⑤ 曾祥芹、韩雪屏：《阅读学原理》，郑州，大象出版社，2002：343-365。

记、理解、运用、分析、综合和评价六个层次的内在联系,将个体的具体阅读活动划分为基础性阅读和深层次阅读(深度阅读)两种类型。

首先,基础性阅读是个体通过对文本中字、词的准确认读与释读,进而实现对语篇中关键信息的初步理解,它具体包括认读、释读、感知性阅读。其中认读是指能够读准、认识文本中字、词的读音与字形,并准确理解字词的基本含义;释读是指能够准确理解文本中词、句的真实含义,例如,有的学生能够正确认读"胸有成竹"的读音和理解其表面字义,但未必能理解其真正含意;感知性阅读是指对文本意义的整体感知和对文本关键信息的识别与理解。其次,深层次阅读,即深度阅读,是个体在字词认读、词句释读和文本感知性阅读的基础上,对文本信息进行推理、概括、判断和评价等系列阅读认知的过程,包括分析性阅读和反思性阅读。分析性阅读是指对文本内容、主题、观点等进行具体的推理与概括,反思性阅读是指对文本的结论、前提、理由等进行系统的判断和评价。

从基础性阅读和深度阅读的联系来看,基础性阅读是深度阅读的前提,深度阅读是对基础性阅读的深化与拓展。需要注意的是,深度阅读是"对意义的深入建构",[1]不是阅读主体静下心来,进行反复的阅读过程,而是需要遵循一定的阅读方法实现对文本全面、系统和深入的分析与理解。另外,深度阅读需要全读,但全读不一定等同于深度阅读,因为深度阅读需在全读和选择性阅读的基础上进行更深入而系统的文本分析。因而,在信息化社会,在有效判断信息的真伪、优次方面,深度阅读对个体的知识学习与信息获取有着极为重要的意义。

从阅读认知的具体发生过程看,阅读是"读者把文本中读到的字词句信息同先前读到的字词句信息进行整合,以达至篇章结构水准的理解"。[2]

---

[1] 唐明、李松林:《聚焦意义建构的语文深度阅读教学》,载《中国教育学刊》,2020(5):60-65。

[2] 钟启泉:《儿童阅读的本质及其环境设计》,载《中国教育学刊》,2019(5):41-46。

从这个意义而言，审辩阅读是个体在字词认读、词句释读以及忠实于作者的基础上，对文本的具体内容、观点、理据等系列问题进行独立思考、辩证分析、合理质疑和理性反思的阅读认知过程。审辩阅读集中体现为"在阅读中积极思考"和"在思考中有效阅读"这两种最佳形态。鉴于此，审辩阅读是以文本整体为思考对象，不仅关注个体对文本整体结构的分析与理解，同时也关注对文本具体内容的分析与理解，最终目的是充分理解文本内容和积极创新文本意义。

在知识繁杂的信息社会，为了有效识别和判断信息的真伪，个体在对相关信息的阅读过程中，需要有效运用深度阅读方式，超越词句释读和一般意义的感知性阅读与印证性阅读，不断调动多种认知和多层次思维方式参与文本信息的深层次加工。由于审辩阅读是强调对文本整体的合理性分析和系统性反思，其无疑是个体参与深度阅读活动的最佳方式。因而，我们认为，审辩阅读和深度阅读二者之间除表现为包含与被包含关系外，同时也表现为目的和手段的关系。具体而言，从深度阅读和审辩阅读所包含的阅读认知技能来说，审辩阅读是以整个文本为阅读对象，其包含深度阅读技能；同时，审辩阅读是实现深度阅读的具体方式，深度阅读是审辩阅读发展的重要目的，即通过文本意义的建构活动，更为准确、全面和系统地理解文本内容、获取文本信息和建构文本意义。

2. 审辩阅读与批判性阅读、思辨性阅读的关系

在语文学科教学领域，"批判性阅读"和"思辨性阅读"是学界经常出现的与"审辩阅读"紧密相关的另外两个术语。为了清晰区分审辩阅读、批判性阅读和思辨性阅读三者在中文语境下的内在关系，本书从汉语词源的视角，对"审辩""批判"和"思辨"三个词语进行系统的词义分析，以便厘清三者内在联系，为深入而系统探究审辩阅读教学问题提供理论规范。

"审辩"常被赋予理性的特征，通常用以指代理性思考。早在《礼记·中庸》中便提及学习的过程是"博学之、审问之、慎思之、明辨之、笃行之"。

因此也有研究者认为，"审辩"就是审问、慎思、明辨和决策的过程。① 与"审辩"相近的另一个词语："思辨"，也是人们经常提及和耳熟的术语。然而，"审辩"与"思辨"有着细微的区别和内在的联系。"审"在汉语中有多层含义：首先，作动词时，通常指审查、详究。《荀子·非相》中提到，"审，谓详观其道也"，如"审视"。此外作动词用时，也可释为"知晓""知悉"，《类篇》中提到，"审，知也"，如"审悉"。其次，作形容词时，表示慎重、谨慎。王充《论衡》提到"言审莫过圣人"。最后，作副词时，释为"详细地""仔细地"等，如"审度""审虑"。综上，"审"突显了一种"'小心求证'的严谨态度"。② 《说文解字》认为，"辩，治也。"可以看出"辩"主要解释为说明是非，争论真假。从"审"和"辩"的字义分析可以看出，"审辩"是通过审慎思考，注重理据的一种理性思考方式。另外，在部分研究中，"审辩"通常与"审辨"互用，尽管二者仅一字之差，但前者的教育意蕴更为丰富，意味着个体在对事物的认识方式中不仅需要用思维进行辨析，更需要用语言加以讨论、辩论、辩解等，以此加深对事物的认识。

《说文解字》对"思"的定义是："思，容也。"也就是说"思"释为"思考""考虑""想"等，这是对"思"作为动词用时的解释；"思"作名词用时，释为"思想""思绪"等。"辨"在《说文解字》中为："辨，判也。"《小尔雅》中为："辨，别也。"《现代汉语词典》对"思辨"解释如下：一是"哲学上指运用逻辑推导而进行纯理论、纯概念的思考"；二是"思考辨析"。③ 从"思辨"的字义和词义可以看出，"思辨"既指思考辨析的过程，也指代一种逻辑性的理论思考或概念思考方式。

"批判"是人们日常生活中经常听到的词语，当人们听到"批判"一词往往会想到批评、否定、挑刺、反驳、吹毛求疵等关联词，很容易将"批

---

① 刘葳：《审辩式思维教育具有的现实意义》，载《内蒙古教育》，2014（12）：13-14。
② 杜国平：《批判性思维辨析》，载《重庆理工大学学报（社会科学版）》，2014，28（9）：1-5。
③ 中国社会科学院语言研究所词典编辑室：《现代汉语词典》，北京，商务印书馆，2016。

判"理解为指责某人或某事的错误或不足,在一定程度上忽略了对批判的完整含义的理解。《辞海》释义"批判"一词:一是"分析评论,如批判性的吸收";二是"对错误的言行加以系统的分析,进而否定,如批判错误思想"。①《现代汉语词典》对其解释如下:一是"对错误的思想、言论或行为作系统的分析,加以否定";二是"分析判别,评论好坏"。②从对"批判"一词的释义上我们可以看出,批判的真实内涵不仅仅是指向错误的观点、看法或理论,也可以是对正确的思想、言论或行为等进行分析和评判。从以上释义也可以看出,尽管批判的目的是追求合理,但批判的方式往往与"否定"紧密相连,也可以说"否定"就是批判的本质特征。

结合对"审辩""思辨"和"批判"字义或词义的系统辨析及对阅读概念的对比分析:"审辩"更多是指代一种具体理性的思考方式或理性思维方式,"批判"指代一种质疑判断或质疑批判的能力,而"思辨"则是类似辨析、推理、批判等理性思考方式的统称。也就是说,审辩是思辨追求的理性思考方式,批判是审辩实现理性思考的具体方式之一。

综上,我们认为:审辩阅读是一种对文本进行独立思考、辩证分析、合理质疑和理性反思的阅读认知过程;批判性阅读是对文本的内容、结构、观点、前提、结论等问题进行合理质疑和有效判断的阅读认知方式;思辨性阅读是基于一定思维方式对文本进行合理性的分析、概括、评价的综合性阅读认知活动。由此而言,思辨性阅读是审辩阅读的上位概念,其统摄审辩阅读的概念;审辩阅读是批判性阅读的上位概念,其统摄批判性阅读的概念。

与此同时,在本书中,审辩阅读教学是指基于文本载体,以问题探究与问题引导为主线,着重发展学生审辩阅读素养的教学活动;批判性阅读教学是指培养学生对文本进行超越常规性的质疑、推断、评判的阅读教学

---

① 辞海编辑委员会:《辞海》,上海,上海辞书出版社,2010。
② 中国社会科学院语言研究所词典编辑室:《现代汉语词典》,北京,商务印书馆,2016。

活动；思辨性阅读教学是以发展学生观察力、想象力、分析能力、反思能力等各种思维能力为主要目的的阅读教学形式。思辨性阅读教学是培养审辩式思维、批判性思维和反思性思维等阅读教学活动的总称，批判性阅读教学是审辩阅读教学的重要构成部分，审辩阅读教学是思辨性阅读教学的一种具体表现类型。从这个意义上说，审辩阅读与批判性阅读、思辨性阅读均具有内涵的一致性，均指一种理性思辨的阅读过程。同时，审辩阅读教学与批判性阅读教学、思辨性阅读教学均指一种培养理性思辨的阅读活动。因而，为了体现研究问题的一致性和规范性，在本书没有特别强调的情况下，中文文献中关于批判性阅读、思辨性阅读与审辩阅读均为同义，批判性阅读教学、思辨性阅读教学与审辩阅读教学也均为同义。

小学审辩阅读教学研究基本概况

审辩阅读教学思想最早兴起于对审辩式思维研究较为成熟的欧美国家，国内对审辩阅读教学的研究主要涉及语文和英语两个学科，并且国内英语学科方面的审辩阅读教学相关研究成果较为丰富。由于本书聚焦语文审辩阅读教学问题，因而，文献综述主要集中对国外母语审辩阅读教学问题的研究情况和国内语文学科审辩阅读教学问题的研究现状进行概述与总结。

一、国外审辩阅读教学研究进展

（一）国外审辩阅读教学问题的研究缘起

国外审辩阅读教学问题主要源于20世纪70年代欧美等国家兴起的审辩式思维运动。在20世纪60年代中后期，由于现代科学技术的不断发展，西方整体出现了工业社会向后工业社会的转型，人们对社会各领域的革新和发展有了新的看法。在学校人才培养方面,研究者们发现,尽管儿童在课堂上比以往所学习的知识更多、更新,但是儿童解决问题的思维能力,特别是推理问题和判断问题的能力却呈现出不断弱化的趋势。[1]于是,在学术界兴起了对基础教育学校学生开展非形式逻辑思维即审辩式思维培养的探究。如何培养学生的审辩式思维能力,使学生能够更好地分析、判断和解决问题逐渐被研究者们所重视。

关于学生审辩式思维的培养方式主要有三种类型:一是设置专门的审辩式思维课程;二是将审辩式思维与具体的学科教学相结合;三是开创审辩式思维相关的实践活动,即在非正式的教育活动中,通过潜移默化的教育内容开展审辩式思维训练。[2]其中,在学科课程中融入审辩式思维能力的发展目的和培养任务是国外基础教育学校课程中尤为常见的做法。[3]当学校教育者有意识地在母语语文课程中渗透审辩式思维技能培养活动时,审辩阅读教学活动也就应运而生。因而,从审辩阅读教学问题的研究缘起来说,人们最早对审辩阅读教学问题的关注起始于对审辩式思维培养问题的研究。学术界对审辩式思维问题的积极探究,特别是对审辩式思维的结构、测试、培养等问题的探究,为学校开展审辩式思维培养及审辩阅读教学提供了充实的理论基础;另外,历来比较注重辩论的西方社会氛围也为国外基础教育学校的审辩阅读教学的开展与实施,提供了积极的外部支撑条件。[4]

(二)国外审辩阅读教学研究的基本概况

1. 国外审辩阅读教学的制度保障

2002年美国"21世纪学习合作组织"提出的"21世纪技能"的概念

---

[1] 周建武:《逻辑学导论——推理、论证与批判性思维》,北京,清华大学出版社,2013。
[2] Ennis, Robert, H. "Critical Thinking: Reflection and Perspective", *Inquiry*, 2011, 26(1).
[3] Chamberlain, K., Burrough, S. "Techniques for Teaching Critical Reading", *Teaching of Psychology*, 1985, 12(4): 213.
[4] Hillerich, Robert, L. "Critical Reading-A Missing Ingredient", *Teaching Pre K-8*, 1990, 20(7): 80-82.

框架，明确包含了对学生审辩式思维的培养，即要求基础教育学校课程重视对学生推断、评估、决策等认知能力的培养，以帮助学生积极获取解决复杂问题的能力。[1]随着美国将"21世纪技能"框架由观念落实到学校教育的实际行动，许多国家也掀起了类似美国"21世纪技能"的学校教育改革，将学生审辩式思维的培养融入基础教育课程。[2]修订旧的学校课程培养目标和颁布新的课程标准，成为新世纪初期许多国家基础教育课程改革的重要内容，其中"审辩阅读"一词成为众多国家语文课程标准的"关键词"，其明确规定了学生需要具备审辩阅读能力及达到审辩阅读教学规定的水平。

我们以美国《共同核心（州立）课程标准》（2010）为例，简要分析其基础教育学校对学生母语审辩阅读技能发展的相关要求与规定。该课程标准包含了从学前教育到高中教育的英语语言、历史、科学、技术和数学等学科教学的要求，具体由《共同核心英语语言艺术与历史（社会）、科学、技术学科中的读写标准》和《共同核心数学课标》两个二级文件构成。其中，《共同核心英语语言艺术与历史（社会）、科学、技术学科中的读写标准》对学生阅读能力的发展作了较为系统的规定。

在小学学习阶段，第一，学生需要具备独立的理解力和判断力，例如，独立理解不同文本类型；第二，具有较好的表达能力，能够根据不同的对象、任务，清晰地表达信息；第三，在理解文本的同时，能够质疑与批判作者的观点；第四，在表达自我观点时，需要有明确的证据支撑；第五，

---

[1] Dede, C. "Comparing Frameworks for 21st Century Skills". In Bellanca, J., Brandt, R. (Eds.), *21st Century Skills: Rethinking How Students Learn*. Bloomington: Solution Tree Press, 2010: 48-58.

[2] Voogt, J., Roblin, N. "P.A Comparative Analysis of International Frameworks for 21st Century Competences: Implications for National Curriculum Policies", *Curriculum studies*, 2010, 44(3): 302-317.

具有开放的心态,能理解不同文化和容纳不同观点。① 从该课程标准的要求大致可以看出:美国在小学阶段即开始注重以审辩阅读为载体,致力于培养学生审辩式思维能力;强调其母语审辩阅读教学需要尽力发挥学生的学习主体作用,倡导学生有理有据地表达自己的观点和看法;学生在阅读中充当多种角色,既是阅读者、倾听者,也是观察者和评判者。该课程标准要求学校通过阅读教学培养学生学会质疑批判、学会用证据说话做事,非常值得我们的审辩阅读教学提倡和借鉴。

英国国家课程英语标准对学生审辩阅读能力也作了相关规定。例如,《英国国家课程英语标准(2012)》明确将发展"审辩式思维"作为小学生母语学习的核心能力之一。首先,要求教师在阅读教学中,引导学生学会分析、总结与判断文本的主要内容、基本观点和核心思想;其次,指导学生学会挖掘、识别文本潜在的信息,能够根据所挖掘的信息,形成自我观点和意见,并加以评价;最后,对不同文本的内容、观点进行对比分析。② 从该课程标准可以看出,英国基础教育课程也注重通过阅读教学发展学生审辩式思维能力。特别是课程标准中强调,在阅读中培养学生挖掘信息和评价信息的能力,必然是学生形成审辩阅读素养的重要因素,类似的审辩阅读理念值得我们的审辩阅读教学研究加以借鉴。

澳大利亚基础教育课程标准也将审辩式思维的培养融入到学生阅读学习中。例如,课程标准明确指出:教师需要帮助学生基于阅读学习,掌握基本的审辩阅读策略;通过学校阅读学习,学生需要学会对不同风格文本的内容、观点进行有效的推断、辨别、概述和评价等。③ 加拿大相关课程标

---

① Common Core State Standards for English Language Arts & Literacy in History/Social Studies, Science, and Technical Subjects, https://learning.ccsso.org/wp-content/uploads/2022/11/ELA_Standards 1.pdf.

② Department for Education, "English 2012 Programme of Study for Key Stage 4 and Attainment Targets", London: Author, 2012: 3-7.

③ Australian Curriculum, "Assessment and Reporting Authority. Senior Secondary Curriculum: English", Sydney: Author, 2012: 13-18.

准也明确规定，基础教育学校的阅读教学需要积极关注学生审辩阅读技能的发展。例如，在学生的阅读学习中，教师需要支持学生基于对文本内容的推理、探究、总结和评价，积极提出个人观点和个人看法，并阐明相应观点的理由与证据。[①] 国外除课程标准对教师审辩阅读教学和学生审辩阅读技能的发展作出了相关规定外，各级学校的阅读学业测试和学业选拔也涉及了与审辩阅读相关的试题，以保障审辩阅读教学能够更好地发挥其教学职能。如美国学生学业能力评估测试（SAT）和美国大学入学测试（ACT）都设置有单独的审辩阅读测试项目。[②] 从上述不同国家基础教育课程标准对学生阅读发展的要求可以看出，国外的母语阅读普遍强调，通过阅读发展学生的审辩式思维，帮助学生学习有效地分析、推理、概括、辨别文本信息，有理有据地评价和表达文本信息成为不同国家审辩阅读教学的重要内容；同时，相关学业测试增设对审辩阅读技能的考查，不仅从制度上保证学校教育对审辩阅读教学的重视，而且能够有效监测学生审辩阅读技能的发展情况，为学校相关学科的审辩阅读教学提供了现实依据。

2. 审辩阅读教学的实践策略

对于审辩阅读教学实践问题的研究，国外研究者们主要从审辩阅读教学的功能和实施两方面展开探究。首先，在审辩阅读教学的功能方面，研究者马里瓦拉在论述审辩阅读的作用时强调，对于大多数学生来说，审辩阅读看起来是一种简单的技能，但实际上它会让个体投入更多认知能力去实现有效的文本理解。[③] 当个体为了获取某种理解而阅读时，就意味着进入了一种积极的审辩阅读状态。审辩阅读对于学生的学习如此重要，当学生无法理解一篇文章时，可能是因为大部分文本是学术性的，或者只是无法

---

① Ministry of Education，"British Columbia：English Language Arts 8 to 12"，Province of British Columbia，2007：2-108.

② A（Mostly）Brief History Of The SAT And ACT Test，https：//www.Erikthered.com/tutor/sat-act-history.html.

③ Marioara."Critical Reading"，*Buletin Stiintific*，2014，19（1）：62-67.

理解文章的主题、无法解释作者的观点，此时，教师可以通过审辩阅读教学帮助学生获取审辩式思维来解决类似困难。[1] 研究者德曼特与达格尼娅在相关研究中强调，审辩阅读对于学生的语言学习与社会发展具有至关重要的作用，因为学生在基础教育阶段所获取的所有技能都将在其未来的大学学习和社会工作中终身使用。此外，拥有审辩阅读技能的人是不容易被操纵的，因为通过系统的审辩阅读技能学习，学生可以成为一名具有独立的审辩式思维的学习者。[2]

其次，在审辩阅读教学的实施方面，研究者克里格尔与伊夫林探究了教师如何帮助学生树立作者意识，进而促进学生积极发展审辩阅读技能。研究者认为，在大多数课堂上，虽然讨论课文后的问题是阅读教学活动并未忽略的任务，但是如何通过有效提问帮助学生充分理解文本是发展学生审辩阅读技能的关键。对于教师具体提问的方式，研究者建议，首先需要帮助学生有效地理解阅读题目；然后检查学生对文本具体细节的回忆；最后引导学生理解作者的立场。通过类似的提问与思考方式促进学生发现作者的触点，并最终站在作者的立场进行文本意义的建构。[3] 研究者保罗等人从阅读文本与学生思维发展的内在联系视角，给小学四至六年级学生编制了审辩阅读课堂练习手册，为教师在学科教学中如何有效指导学生发展审辩阅读技能提供了相应的实践参照。[4] 研究者格拉尼从学生寻找文本的事实和观点的差异方面入手，探究了审辩阅读教学问题。研究者认为，应该依据

---

[1] Marioara, "Critical Reading", *Buletin Stiintific*.2014, 19（1）：62-67.
[2] Deimante, Dagnija, "Development of Critical Reading Skills in English Classes", *Language Acquisition: Problems & Perspective: Conference Proceedings*, 2019（15）：39-48.
[3] Krieger, Evelyn, "Effective questioning for critical reading", *Reading Today*, 1990, 8（2）：22.
[4] Paul, R. W., Binker, A., Jensen, K., Kreklau, H. "Critical Thinking Handbook: 4th-6th Grades. A Guide for Remodeling Lesson Plans in Language Arts, Social Studies and Science", *Rohnert Park, C: Foundation for Critical Thinking*, 1990.

不同文本所包含的事实与观点的差异特征，指导学生有效发展审辩阅读技能。[1]库克与吉米在探讨教师如何帮助学生发展审辩阅读技巧时强调：首先，教师需要把学生的阅读学习理解为一种可塑性的思维发展过程；其次，需要积极鼓励学生参与审辩阅读；最后，教师可将文学作品融入学生的阅读学习过程，指导学生通过对故事的理解、表达与交流等有效方式充分发展审辩阅读技能。[2]

研究者布斯纳多与布拉加从如何有效指导学生挖掘文本材料的内在意义视角，阐述了审辩阅读教学的具体问题。[3]研究者华莱士从指导学生区分文本内容中事实与观点、明确作者的意图、判断文本隐含的内在结构以及发现文本的缺陷等方面出发，阐释了审辩阅读教学的重要途径。[4]研究者格雷泽等人从多媒体应用的视角，探究了个体主动阅读与思考的交互式训练方法（interactive Strategy Training for Active Reading and Thinking，i-START）。[5]研究者杰克斯在探究语言教育中如何开展审辩阅读训练问题时指出：教师可通过引导学生采用图形、表格、动画等方式梳理文本信息；在理解文本内容的基础上，有效提取作者的主要观点；根据相关事实与依据，对作者观点进行论证，并提出自己的看法。[6]

综上，由于国外对审辩式思维培养问题探究较早，社会民众及专业教

---

[1] Graney, J. M. "Determination of fact and opinion: A critical reading problem", *Journal of Psycholinguistic Research*, 1990, 19（3）: 147–166.

[2] Cook, Jimmie, E. "Critical Reading？How？Why？", *Teaching Pre K-8*, 1991, 21（6）: 23–24.

[3] Busnardo, J., Braga, D. "Language, ideology, and teaching towards critique: a look at reading pedagogy in Brazil", *Journal pragmatics*, 2001, 33（5）: 635–651.

[4] Wallace, C. "Critical Reading in Language Education", *Palgrave: Macmillan*, 2003.

[5] Graesser, A. C., Mc Namara, D. S., Van Lehn, K. "Scaffolding Deep Comprehension Strategies through Point Query, Auto Tutor, and iSTART", *Educational Psychologist*, 2005, 40（4）: 225–234.

[6] Janks, H. "Critical reading in language education", *Journal of Multilingual and Multicultural Development*, 2010, 31（6）: 587–589.

师对审辩式思维有着明确的认识，再加上思辨氛围浓厚的外界因素的影响，在学校课程教学中，从事审辩阅读教学活动的教师，其整体审辩式思维素养相对较高，并且均具有比较系统的相关教学知识和较成熟的教学策略。[①] 因而，结合国外审辩阅读教学的起源背景、发展历程和各国家对审辩阅读相关问题的重视程度与研究认识等方面情况综合而言，国外审辩阅读教学相关研究整体呈现出如下发展特征：基础教育学校对培养学生审辩阅读技能已基本形成共识；对审辩阅读测评要求、教学策略等问题的研究已具有较完备的理论框架；相关课程师资的审辩式思维水平整体较高。

二、国内审辩阅读教学研究现状

从相关文献资料的整体情况看，2017年前，国内学界直接涉及语文学科审辩阅读教学的研究并不多见，主要表现为语文教学对学生思维发展问题的关注。随着2017年《普通高中语文课程标准（2017年版）》将"思辨性阅读与表达"明确列入高中语文必修课的学习任务群，学术界积极涌现了大量关于高中思辨性教学的研究成果。与此同时，小学审辩阅读教学也得到了相应关注。鉴于此，我们将国内审辩阅读教学问题的研究分为三个方面：一是语文教学对思维发展的研究；二是中学语文思辨性阅读与表达问题的研究；三是小学语文思辨性阅读问题的研究。以期通过对上述三方面相关文献资料的总结，能较为全面地反映语文学科审辩阅读教学的相关理论与实践的研究现状。

（一）语文教学对思维发展的研究

由于语文是培养学生语言文字应用的综合性和实践性的学科，语言与思维早已被证实有着密切的内在联系，因而，语文教学或阅读教学需要发展学生思维也一直得到相关理论研究者和教学实践者的认同。然而，学界

[①] Dalton, D.F. "Critical Reading-an Evaluation of a Teaching Approach", *IEEE Frontiers in Education Conference*, 2009.

对于语文学科需要培养学生什么类型的思维和怎样培养学生的思维却存在不同的看法。

1. 语文教学培养学生何种思维问题研究

董宝鼎在《阅读教学中的思维训练》一文中指出，思维不仅是促进学生从感性认识上升到理性认识的中心环节，而且是帮助学生获取文本理解和学会正确表达的重要手段。研究者认为，引导学生发展整体思维能力是语文阅读教学的重要内容之一，语文教师坚持辩证唯物主义理论观点是帮助学生提升整体思维能力的重要前提。[1] 赵爱兰在《语文教学中创造性思维的培养》一书中指出，语文学科教学对学生创新思维能力的发展具有积极的促进作用，并强调教师在语文教学活动中，需要以创造性思维训练为最高教学目标和主要手段，系统地培养学生的综合语言能力和创新思维能力。[2] 卫金灿在《语文思维培育学》一书中指出，中小学语文学科是指导学生发展思维的重要学科，语文教学对学生的思维培育，应坚持马克思主义的认识论为理论指导，积极培育学生的形象思维、抽象思维和创造性思维。[3] 彭华生的《语文教学思维论》一书，也强调了语文教学需要积极发展学生的形象思维、抽象思维、辩证思维、灵感思维、直觉思维、相似思维和创造性思维等问题。[4]

吴格明在《逻辑思维与语文教学》一书中指出，在语文教学中，教师需不断提升自我逻辑思维素养，在积极指导学生语文学习的同时，有效促进学生逻辑思维的发展。[5] 冉正宝的《语文思维论》一书，在对"语文思维"的概念、方法进行系统探究后认为，语文教学需要关注学生全面思维能力

---

[1] 陈树民、顾家漳：《小学阅读教学探索》，上海，上海教育出版社，1987。
[2] 赵爱兰：《语文教学中创造性思维的培养》，北京，光明日报出版社，1988。
[3] 卫金灿：《语文思维培育学》，北京，语文出版社，1994。
[4] 彭华生：《语文教学思维论》，南宁，广西教育出版社，1996。
[5] 吴格明：《逻辑思维与语文教学》，北京，人民教育出版社，2003。

的培养。[1]何克抗在《儿童思维发展新论——及其在语文教学中的应用》中，从对皮亚杰语言与思维关系问题的继承与批判入手，系统论述了语文学科需要积极发展儿童整体思维的重要性。[2]潘家明在《批判性阅读教学与批判性思维能力培养》研究中认为，语文阅读教学的主要目的是培养学生的阅读反思和审辩式思维技能。[3]黄亮生在《中学语文思维培育导引》中，系统论述了中学语文思维的品质、方式、过程、关系和技法的概念与原则问题，并认为中学生语文教学需要关注学生思维品质培养。[4]

综上，语文学科教学需要发展学生思维已得到学界一致认同，但是研究者对相关教学究竟应培养学生何种思维技能并未达成一致看法。有的研究者认为应该培养整体思维，有的支持培养逻辑思维，有的提出培养创新思维，有的主张培养审辩式思维等。我们认为，语文教学究竟培养学生何种思维，除应考虑个体一般认知与思维发展的需要外，还应结合当下时代背景对学生语文学习或阅读学习的要求，进而调整阅读教学中思维能力培养的重点方向。

2. 语文学科教学如何培养学生思维问题研究

卫金灿在《语文思维培育学》一书中指出：语文阅读教学培育学生思维的重要原则，应将发展思维与语言训练、生活实践、知识教育等有机结合，坚持学生的认知能力和非认知能力的同步发展；通过教给学生科学的思维方法，充分促进学生多种思维能力的发展和整体思维品质的提高。[5]廖冉、赵丽琴在《不要只让孩子生活在童话里——美国批判性阅读教学案例的启示》一文中，结合国外审辩阅读教学相关实例，从"关注社会事务""学会

---

[1] 冉正宝：《语文思维论》，桂林，广西师范大学出版社，2003。
[2] 何克抗：《儿童思维发展新论——及其在语文教学中的应用》，北京，北京师范大学出版社，2007。
[3] 潘家明：《批判性阅读教学与批判性思维能力培养》，载《教育探索》，2009（3）：121-123。
[4] 黄亮生：《中学语文思维培育导引》，厦门，厦门大学出版社，2011。
[5] 卫金灿：《语文思维培育学》，北京，语文出版社，1994。

与他人相处""多视角看世界"和"参与真实活动"四个方面,阐释了语文教师在阅读教学中应如何有效引导学生合理理解文本蕴含的深层次意义。[①]梁洪伟在《语文思维培养》中,从"抓住中心,俯视局部""层层深入,刨根问底""前观后照,准确定位"等思维原则入手,以"修辞方法""表达方式"和"句式转变"等具体方式为切入点,较为系统地论述了中学生语文思维的培养方法。[②]张三香、谢薇薇在《批判性阅读理论的依据与策略》研究中,论述了建构主义学习理论和语篇分析理论,将其作为审辩阅读教学的理论支撑,认为开展审辩阅读活动应该注重文本的主观性和社会性,因为任何文本所反映的客观世界仍然存在一定局限性,因而,阅读教学首先需要培养学生的反控意识。大众读者需要对文本保持高度的批判意识,通过对文本的质疑和对比,对文本作出理性评价。[③]

夏武在《语文读写思维创新与应用》中,通过对语文阅读、写作的知识体系与能力层次中所包含的思维要素、思维结构、思维过程之间的联系进行系统分析,探讨了通过设计"问题系统"的思路,让学生在发展语言能力的同时,激发想象力和创造潜能。[④]王亚苹在《思维地图在小学语文教学中的应用研究》中,论述了思维地图对语文学科教学的作用,并从"整体感知""提取信息""形成解释""作出评价"和"实际应用"等方面,对思维地图在小学阅读教学中的具体运用作了系统探究。[⑤]梅运波在《创新思维与语文教学》中,从个体思维发展的视角,系统论述了创新思维的训练策略、测试方法,并探究了语文教学中创新思维的培养策略问题。[⑥]李学

---

① 廖冉、赵丽琴:《不要只让孩子生活在童话里——美国批判性阅读教学案例的启示》,载《语文建设》,2005(10):40-42。
② 梁洪伟:《语文思维培养》,沈阳,辽宁教育出版社,2008。
③ 张三香、谢薇薇:《批判性阅读理论的依据与策略》,载《江西社会科学》,2012(7):261-264。
④ 夏武:《语文读写思维创新与应用》,北京,语文出版社,2016。
⑤ 王亚苹:《思维地图在小学语文教学中的应用研究》,北京,北京邮电大学出版社,2016。
⑥ 梅运波:《创新思维与语文教学》,长春,吉林文史出版社,2016。

在《批判性阅读的内涵、理念及教学策略》一文中,在对批判性阅读的内涵、理念探究的基础上,认为批判性阅读教学本身不应有固定的标准教学模式,但其作为一种特殊的教学活动,仍有一定策略可以采用。研究者指出,"将教材组织成批判体系""依托文本特点训练批判方法""根据教学语境选择批判内容""坚持生活立场训练批判性思维"是批判性阅读教学的理想方式。① 林润之、刘永康在《语文思维教学研究》中,系统论述了语文教学中如何发展学生形象思维、抽象思维、直觉思维、辩证思维、创新思维、发散思维和聚合思维的策略。②

综上,研究者对审辩阅读教学的目标问题,基本倾向于对学生整体思维能力的培养。由于研究者所持的语文教学培养学生具体何种思维的观点不同,所呈现的教学策略也不尽相同。每种教学策略均出自研究者不同的理论取向,并不存在好坏之分,关键在于是否对学生阅读思维的发展具有积极的促进作用。

(二)中学语文思辨性阅读与表达问题研究

随着《普通高中语文课程标准(2017版)》对"思辨性阅读与表达"问题的明确定位,一方面,学界基于语文学科教学与审辩式思维的关系,探讨了审辩阅读教学的理论问题;另一方面,学界涌现了大量关于高中"思辨性阅读教学"实践问题的文章,特别是相关硕士学位论文的研究比较突出。

1. 审辩阅读教学理论内涵问题探讨

吴格明在《离开了思维,语文就成了一堆孤立的词句和文化碎片》一文中强调,语文课程对于培养学生的思维能力具有明显优势,并指出,"离开了思维,文化就成了一地狼藉的碎片"。思辨性阅读教学的实质是促进学

---

① 李学:《批判性阅读的内涵、理念及教学策略》,载《现代中小学教育》,2016,32(3):35—39。
② 林润之、刘永康:《语文思维教学研究》,桂林,广西师范大学出版社,2017。

生逻辑思维能力的发展。① 余党绪在《比教学范式建设更迫切的,是改善我们的思维——关于思辨性阅读教学的思考》一文中,在探究了思辨性阅读教学的具体范式后,认为思辨性阅读并不一定追求固定的教学模式,重点在于发展学生的审辩式思维能力。研究者同时指出,思辨性阅读等同于审辩阅读,审辩阅读教学是借助审辩式思维原理、策略和技能所开展的阅读教学活动,它的核心是培养学生的审辩式思维。②

欧阳林的《思辨性阅读:从理解、求异到建构》一文,在对思辨性阅读的具体内涵问题进行探究后,认为思辨性阅读是在审辩式思维指导下的文本阅读,审辩阅读教学是"培养学生批判性思维策略、促进学生思维成长的过程"。③ 连中国在《语文思辨教学的人文指向——以思辨性阅读为例》一文中,从语文的人文价值视角,探讨了语文思辨性阅读教学的内涵问题。研究者认为,审辩阅读教学既要关注对学生知识观念、技能方法、思维方式、思维品质的培养与发展,同时也需要重视对学生人文价值观的培养,即在审辩阅读教学中,"思辨应该始终指向'人'并且始终关心'人'"。④

从上述研究者的观点可见,大多数研究者对审辩阅读教学目的的探讨,基本倾向于对学生审辩式思维的培养。当然,也有部分研究者持不同的观点,认为审辩阅读教学除了要积极关注学生思维能力的发展,还需要注重学生其他学习技能和生活品质的培养。例如,连中国从人文价值视角指出,审辩阅读教学需要关注对学生情感态度和价值观的培养。从这个意义看,研究者对审辩阅读教学的内涵认识并未完全一致,仍有待相关研究从不同视角进行探讨。

---

① 吴格明:《离开了思维,语文就成了一堆孤立的词句和文化碎片》,载《中学语文教学》,2018(7):4-8。
② 余党绪:《比教学范式建设更迫切的,是改善我们的思维——关于思辨性阅读教学的思考》,载《语文建设》,2018(1):9-13。
③ 欧阳林:《思辨性阅读:从理解、求异到建构》,载《语文建设》,2018(1):18-21。
④ 连中国:《语文思辨教学的人文指向——以思辨性阅读为例》,载《语文建设》,2018(1):14-17。

2. 审辩阅读教学理论内容探讨

　　欧阳林在《批判性思维与中学语文阅读教学》专著中,对审辩阅读教学本质问题系统探究后指出,审辩阅读是一种从文本理解到认知冲突,再到认知构建的过程,并从"发现问题,形成冲突""分析与论证、辩驳与评估""文本理解走向认知结构的构建"等方面阐述了审辩阅读教学的部分理论问题。① 余党绪在《走向理性与清明——整本书阅读之思辨读写》专著中,立足于审辩式思维在整本书阅读教学中的特殊意义,以思辨读写为突破口,提出了整本书思辨性阅读的相关技能。并指出,审辩阅读的基础是"事实与逻辑",其基本手段是"理性的分析与论证",其核心教学任务是引导学生有效实现"对文本的理解与判断"。②

　　沙伊露在《"思辨性阅读与表达"学习任务群的实施路径构建》一文中,较为系统地探讨了高中语文"思辨性阅读与表达"学习任务群的实施问题。研究认为,审辩阅读教学的核心指向学生逻辑思维和审辩式思维的发展。研究者基于上述两种思维原理,从逻辑知识的运用和审辩式思维方法与工具的引入两个层面阐释了高中生审辩阅读教学的策略。③ 甘露在《高中语文思辨性教学探新》一文中,以"身心发展理论""建构主义理论"和"文本细读理论",基于学生的实证能力、推理能力、批判能力和发现能力的匮乏等问题,较为系统地探究了高中生审辩阅读技能的发展策略。④ 陆志平、张克中在《"思辨性阅读与表达"任务群的理解与实施》一文中,从高中语文"思辨性阅读与表达"任务群的课程意义、学习内容和实施建议等方面,阐述了思辨性阅读与表达技能的培养问题。⑤ 从上述研究可见,研究者从多维

---

① 欧阳林:《批判性思维与中学语文阅读教学》,北京,中国人民大学出版社,2019。
② 余党绪:《走向理性与清明——整本书阅读之思辨读写》,上海,上海教育出版社,2019。
③ 沙伊露:《"思辨性阅读与表达"学习任务群的实施路径构建》[D],上海,华东师范大学,2019。
④ 甘露:《高中语文思辨性阅读教学探新》[D],长沙,湖南师范大学,2019。
⑤ 陆志平、张克中:《"思辨性阅读与表达"任务群的理解与实施》,载《语文建设》,2019(2):4-8。

视角探究中学审辩阅读教学的理论内容，为教师帮助中学生发展审辩阅读能力提供了一定理论基础。

3. 审辩阅读教学实践方式探讨

余党绪、张广录主编的《中学语文批判性思维教学案例》，基于批判性思维理论，以理论加实例的方式，对中学语文课堂中阅读教学和写作教学培养学生批判性思维展开系统探究。[1]张玉新在《整合：思辨性阅读的有效策略》一文中，基于文本教学"整合"的研究视角，从"整合经典文本""整合时文""整合娱文"等方面，探讨了高中思辨性阅读教学策略。[2]覃永恒的《从思维结构到批判性思维——理解、表达的策略研究与语文教学实践》，基于一般思维结构与批判性思维的关系，系统探究了教师如何合理地理解文本、解读文本，进而有效发展学生思维能力的核心问题。[3]成映璇、钟正平在《思辨阅读教学实施策略》一文中，结合《过秦论》一文，探究了高中思辨性阅读教学的实施策略。研究者认为，教师可从"理解文本""辨识观点""体察证据""评估文本"等环节开展审辩阅读教学活动。[4]夏红梅和郭惠宇在《阅读教学与思维品质》著作中，基于不同的语文课程类型、不同课文类型对中学生的逻辑思维、智性思维、批判性思维、审美思维和创造性思维的发展问题进行了系统探究。[5]杨祥明在《语文思维训练与教学创新设计》一书中，系统论述了在语文教学及阅读教学中，如何发展学生整体思维、同步思维、连贯思维、创造思维和发散思维的问题。[6]

李亚芳在《高中文言文思辨性阅读教学研究》中，探究了高中文言文

---

[1] 余党绪、张广录：《中学语文批判性思维教学案例》，上海，学林出版社，2017。
[2] 张玉新：《整合：思辨性阅读的有效策略》，载《中学语文教学》，2017（8）：9-12。
[3] 覃永恒：《从思维结构到批判性思维——理解、表达的策略研究与语文教学实践》，长沙，中南大学出版社，2018。
[4] 成映璇、钟正平：《思辨阅读教学实施策略》，载《宁夏师范学院学报》，2019，40（11）：73-75。
[5] 夏红梅、郭惠宇：《阅读教学与思维品质》，上海，上海教育出版社，2019。
[6] 杨祥明：《语文思维训练与教学创新设计》，昆明，云南人民出版社，2019。

的思辨性阅读教学策略问题，研究认为，教师可结合"思维训练""阅读方法""文本解读""教学模式""教学评价"等方面，开展高中语文文言文审辩阅读教学。①肖婷在《初中生语文批判性阅读评价研究》中，从"建设性理解""功能性应用"和"反思评价"三个维度，自编相关测试工具和问卷调查工具，较为系统地探究了初中生语文审辩阅读评价问题。研究结果表明初中生整体语文审辩阅读技能水平偏低，且学生在审辩阅读不同类型问题上的表现差异显著。②史伟的《基于高中论述类文本培养思辨性阅读能力的策略研究》，较为系统地探究了高中论述类文本的思辨性阅读教学策略问题。③

严蓉在《基于多元阅读法的思辨性阅读教学有效途径探究》，一文中认为：由于受传统"鉴赏"阅读教学的影响，高中生阅读分析与阅读论证能力普遍缺乏；在具体教学中，教师可以通过"生生合作""细读分析""思辨写作"等方式，积极帮助学生发展审辩阅读技能。④周翔燕在《高中散文思辨性阅读教学策略研究》中认为，教师需要从"教学目标""教学内容""教学方法"和"教学评价"等方面设计审辩阅读教学活动，研究者结合课文《咬文嚼字》，对如何进行审辩阅读教学活动的设计作了详细说明。⑤胡小雨在《高中论述类文本思辨性阅读教学策略研究》一文中，基于"文章型论述类文本"和"测试型论述类文本"的特征，分别从"质疑批判""逻辑把握""聚类整合""多元解读""精神反思"等方面提出了审辩阅读教学策略。⑥顾茵之在《学习任务群视域下小说思辨性阅读教学研究》一文中认

---

① 李亚芳：《高中文言文思辨性阅读教学研究》[D]，石家庄，河北师范大学，2019。
② 肖婷：《初中生语文批判性阅读评价研究》[D]，武汉，华中科技大学，2019。
③ 史伟：《基于高中论述类文本培养思辨性阅读能力的策略研究》[D]，大连，辽宁师范大学，2019。
④ 严蓉：《基于多元阅读法的思辨性阅读教学有效途径探究》，载《教师教育论坛》，2020，33（8）：32-33。
⑤ 周翔燕：《高中散文思辨性阅读教学策略研究》[D]，南昌，江西师范大学，2020。
⑥ 胡小雨：《高中论述类文本思辨性阅读教学策略研究》[D]，济南，山东师范大学，2020。

为，在具体教学活动中，教师需要"具备全局眼光，树立整合意识，创设引发学生深度参与实践的学习情境，设计综合性实践性的学习任务"，同时根据小说文体特点，围绕学习任务设计审辩阅读教学活动。① 陈兴才的《思辨性阅读与表达"哀怨曲还是欢乐颂"课堂实录》一文，结合"王昭君叙事专题学习"的课堂实录，分析了高中"思辨性阅读与表达"的教学策略。② 除此，张已③、张超华④、张媛容⑤、李妍⑥等人的硕士学位论文，分别从不同研究视角探讨高中思辨性阅读教学问题，在一定意义上为语文审辩阅读教学的实践探究提供了参照。

从整体文献资料来看，近年来，对于中学语文思辨性阅读教学问题的研究成果较为丰富，相对而言，对中学语文思辨性阅读教学问题的研究主要集中在高中阶段。其直接原因是新版高中语文课标对"思辨性阅读与表达"的明确要求和准确定位。其中，研究者从多元视角对审辩阅读教学的理论内涵、实践进行了较为系统的探究，为中学生发展审辩阅读素养提供了一定理论支撑和实践规范。但多数研究者仅从个体思维发展的视角，关注了审辩阅读教学对学生审辩式思维的发展，后续研究需要合理关注审辩阅读教学对学生其他技能的发展。

（三）小学语文思辨性阅读问题研究

王俊英、桑海燕在《小学语文两种思维结合学习论》中，围绕小学语

---

① 顾茵之：《学习任务群视域下小说思辨性阅读教学研究》[D]，上海，上海师范大学，2020。
② 陈兴才：《思辨性阅读与表达"哀怨曲还是欢乐颂"课堂实录》，载《语文建设》，2020（7）：23-28。
③ 张已：《高中语文思辨性阅读教学策略研究》[D]，济南，山东师范大学，2017。
④ 张超华：《新课标下高中语文思辨性阅读教学策略研究》[D]，临汾，山西师范大学，2018。
⑤ 张媛容：《高中语文批判性阅读法研究》[D]，桂林，广西师范大学，2019。
⑥ 李妍：《高中语文思辨性阅读教学实践研究》[D]，兰州，西北师范大学，2019。

文教学与思维训练，系统论述了形象思维和创新思维在小学语文学科教学中的重要价值，指出了阅读教学中结合两种思维培养学生想象力的具体操作策略，并介绍了北京市原宣武区小学语文学科"以形象思维为突破口，两种思维相结合，深化小学语文教学改革"课题成果，经过相关实验，学生在学习兴趣、识字技能、阅读技能、写作能力四个方面，均取得了显著的效果。[①] 李莹在《小学语文教学中批判性阅读的问题及改进策略》研究中，通过课堂案例与教师访谈，发现小学审辩阅读教学中普遍存在以下问题："教师对审辩阅读的认识不够""批判性阅读目标局限于认知和体验""教学过程中缺乏对学生进行质疑引导"等。[②] 薛玉在《小学高年级阅读教学中批判性思维的培养》中，通过相关课堂观察与文献分析，对当前小学高年级学生批判性思维培养现状与问题进行探究，并提出了相关建议。研究者指出，"师生对审辩式思维的认识不足""教师审辩式思维素养不高"和"审辩式思维培养效果不佳"是小学审辩阅读教学普遍面临的主要问题。[③]

李晓燕在其主编的《小学生整本书批判性阅读教学案例》一书中指出，审辩阅读教学是教师引导学生充分理解文本、超越文本，进而提出质疑和形成自我观点的教学过程，并从建构主义学习理论、图尔敏论证模型、对话教育论三个理论视角对审辩阅读教学的理论基础进行了较为深入的阐释，为基础教育学校教师有效开展整本书审辩阅读教学提供了一定理论支撑。[④] 郭金钰在《面向批判性思维的小学高年级语文阅读教学研究》中，采用问卷调查和测试法，较为系统地探究了小学高年级语文审辩阅读教学中培养

[①] 王俊英、桑海燕:《小学语文两种思维结合学习论》，北京，教育科学出版社，2016: 21-33。
[②] 李莹:《小学语文教学中批判性阅读的问题及改进策略》[D]，武汉，华中师范大学，2018。
[③] 薛玉:《小学高年级阅读教学中批判性思维的培养》[D]，西安，陕西师范大学，2018。
[④] 李晓燕:《小学生整本书批判性阅读教学案例》，武汉，华中科技大学出版社，2019。

学生审辩式思维的现状与问题,且研究最后提出了相关对策建议。[①] 王娅云在《小学高年级语文阅读教学中批判性思维培养现状及改进策略研究》中,采用问卷调查、访谈调查、课堂观察等研究方法,探究了小学高年级教师通过阅读教学培养学生审辩式思维的现状及学生对审辩式思维的学习情况,研究分析了小学高年级审辩阅读教学存在的不足及内在原因,并提出了相关教学建议。[②]

综上,小学审辩阅读教学问题近年来也得到了学术界的积极关注。研究者对小学生审辩阅读素养的发展问题既有理论探索,也有实证研究,其中,理论研究整体多于实证研究。从具体研究内容看,研究者对小学审辩阅读教学问题的探究,主要集中在对一般现状的调查和对个体经验的总结,缺乏对相关理论问题和实践方式进行系统、深入的探究与验证。另外,研究者对小学审辩阅读教学问题的研究,主要集中在小学高年级学生,对中、低年级学生的审辩阅读素养发展的问题缺乏积极的关注与探索。

三、国内外审辩阅读教学分析

从国内外关于审辩阅读教学问题的整体研究看,审辩阅读观念及其教学实践问题的相关研究具有显著的时代特征,它直接源于20世纪70年代人们对"非形式逻辑"教学问题的思考和对如何培养审辩式思维问题的关注。学术界对审辩阅读教学相关问题的研究直接反映了人们对审辩式思维和审辩阅读技能的重视,同时从更深层次意义说明了人们在语言与思维关系的理论基础上,对语言教学与思维发展的内在关系问题的探索越来越丰富,并越来越朝向更具有实用性的方向发展。从最初的哲学理论探讨层面

---

① 郭金钰:《面向批判性思维的小学高年级语文阅读教学研究》[D],上海,上海师范大学,2019。
② 王娅云:《小学高年级语文阅读教学中批判性思维培养现状及改进策略研究》[D],武汉,中南民族大学,2019。

走向教育实践探索,为学校语言教学更好地指导儿童表达和思考提供了相应的理论支撑和实践范式。

从国外审辩阅读教学问题的整体研究情形看,由于国外对审辩式思维问题的研究较早,各级学校开设专门的审辩式思维教学课程或在各门课程教学中渗透审辩式思维的教学形式已被推广和普及,学校审辩式思维教学为审辩阅读教学的理论与实践探究提供了基础。各国基础教育学校课程标准对发展学生审辩阅读技能作了明确要求,为学校开展审辩阅读教学提供积极的制度保障。另外,历来比较注重辩论的社会氛围,为开展审辩阅读教学奠定了社会条件。从整体而言,以欧美国家为代表的审辩阅读教学的研究已形成了相对完善的理论体系,在基础教育阶段各级学校的母语阅读教学中,积极关注对学生审辩阅读素养的培养已被教师广泛认可,并已形成常态。

国内审辩阅读教学问题的相关研究成果,主要体现在以下三方面:

一是对语文学科教学与学生思维发展问题的全面探究。整体上看,对于审辩阅读教学问题的研究,学界最早集中在探究语文学科教学与学生思维发展的问题上,研究者从多元视角探究了语文教学或阅读教学对学生不同类型思维的培养问题。由于各研究者的研究视角不同,学界所呈现的研究结果和研究主张也不尽相同。语文学科对学生思维发展问题的研究整体呈现出多元性、综合性的研究状态,为基础教育学校语文审辩阅读教学提供了丰富的研究基础。

二是对中学思辨性阅读与表达问题的积极思考。由于新版高中语文课标对"思辨性阅读与表达"的明确定位,学术界从之前综合性的语文审辩阅读教学研究转向了明确的思辨性阅读问题的研究,基本认同思辨性阅读教学的根本目的,旨在培养学生审辩式思维能力。同时研究者从不同视角探究了高中不同类型文本的审辩阅读教学策略，特别是近年来不断涌现的相关硕士学位论文，也从不同侧面关注了高中思辨性阅读教学问题，极大丰富了语文审辩阅读教学的理论与实践研究。

三是对小学思辨性阅读教学问题的初步探索。近年来，学术界从教学经验总结、现状调查、问题分析、对策建议等视角，积极探究了小学思辨性阅读教学问题。小学审辩阅读教学问题的研究主要集中于对小学高年级学生审辩阅读素养发展的关注，与中学相关研究相比较，尽管小学相关研究无论是在理论探究方面，还是在实践探索层面均处于较弱态势，但是研究者对小学审辩阅读教学相关问题的积极探究，也充分体现了学界对培养小学生审辩阅读素养的重视。

综上，从国内外已有的研究情形及未来发展趋势来看，培养学生的审辩阅读能力正在逐渐成为世界各国基础教育学校学科课程的重要内容，关注与发展学生审辩阅读素养必然是阅读教学的重要任务。国外在审辩阅读教学问题的研究方面已取得了积极的研究成果且具备了较为完整的理论体系，但是鉴于各国社会背景的差异，国内审辩阅读教学问题的探究，不能直接沿用或变通国外相关理论体系。唯有在借鉴国外有益的研究经验的基础上，紧密结合中国文化背景、民族思维方式和基础教育发展的需要，构建符合中国学生思维发展规律和价值取向的审辩阅读教学理论体系，才能积极顺应国内基础教育的发展规律，进而有效帮助基础教育学校教师积极引导学生发展良好的审辩阅读素养，发挥好立德树人的重任，最终使学生有效适应和创造信息时代的阅读学习与阅读生活。

尽管当前国内对审辩阅读教学问题的探究取得了较为丰富的研究成果，但是对相关问题的研究未形成完整的理论体系和可借鉴的经验系统，仍存在一定发展空间。其中，最突出的问题表现在审辩阅读教学的相关研究对象的不平衡性、研究内容的不充分性等方面。

首先，当前有关审辩阅读教学问题的研究对象主要集中在思维发展较成熟的中学生，严重缺乏对思维正处于迅速发展阶段的小学生的相关研究与探索。从构建审辩阅读教学的完整理论体系和关怀学生理性思维系统性发展的视角来说，学界对审辩阅读教学问题的探究，既需要关注思维发展较成熟的中学生，也需要关注思维正处于发展阶段的小学生审辩阅读素养的发展问题。

其次，研究者对审辩阅读教学内涵问题的认识存在分歧，相关研究并未将审辩阅读的思维技能和阅读技能加以统一，大多数研究只是考虑通过审辩阅读教学提升学生的思维能力，而忽略了对学生阅读能力的探究。

最后，从当前小学审辩阅读教学问题的具体研究情况看，相关研究偏重于对小学高年级审辩阅读教学的一般教学现象和教学问题的描述与分析，缺乏对小学整体学段审辩阅读教学的理论内容和实践方法进行的系统探究。

鉴于当前国内审辩阅读教学问题的整体研究状况及小学审辩阅读教学研究的实际问题，我们认为有必要选择合理的研究范式和有效的研究方法，对小学审辩阅读教学的理论形式与实践方式进行系统探究。

小学审辩阅读教学研究思路与方法

一、小学审辩阅读教学研究思路

小学审辩阅读教学是帮助学生发展审辩阅读素养的重要教学方式，良好的审辩阅读教学离不开科学合理的理论规范及对相应实践的探索与完善。基于以往相关研究基础，我们秉持系统论理念，对如何有效开展小学审辩阅读教学活动的根本问题进行系统探究。

系统论是20世纪40年代产生的一种关于一切系统的基本模式、外在形态、内在原理及其发展规律的理论科学，它是一门对所有学科具有普遍性解释意义的横断理论科学。[1]"系统"是"相互作用着的成分的综合"，[2]它是由诸多相互关联和相互促进的要素构成的具有特定功能的复杂统一体，是事物存在和个体活动的基本方式。系统论的理论思想源于辩证法，强调依据"事物的普遍联系"与"事物的发展变化"等辩证思维进行问题分析与问题探究，提倡从认识对象的整体视角，认识与探究"系统与系统""系统与要素""系统与环境"之间的内在联系和共同性质。系统论的重要范畴涉及构成系统的要素、结构、功能、层次等问题。它的基本原理主要体现在"系统整体性""系统相关性""系统平衡性""系统目的性""系统最优化"等方面。[3]教学活动是由师生主体与教学内容、教学环境所构成的"引导人""培养人"和"规范人"的活动系统，学校教学活动的有序展开和有效实施均需要遵循系统论的一定原理与规律。

从整体结构上看，语文阅读教学活动是由教师、学生与文本、课堂环境等要素所构成的复杂活动系统；从审辩阅读教学研究问题的构成系统看，审辩阅读教学问题是由理论阐释和实践应用两个子系统所构成的问题研究系统。系统论是"认识论指导下获得的对于从系统角度认识客体的理论"，它是通过对系统要素、结构、功能等问题的探究，进而"优化认识方法，提升认识水平，以便使认识更系统、更完整"。[4]依据系统论观点和

---

[1] 安文铸：《教育科学与系统科学》，长春，吉林教育出版社，1990。
[2] 胡玉衡：《系统论·控制论·信息论原理及其应用》，郑州，河南人民出版社，1989。
[3] 朱云腾：《语文教学系统论》，昆明，云南教育出版社，1990。
[4] 黄正元：《认识系统与系统认识——谈系统论视域下的认识论》，载《兰州学刊》，2009(4)：25-28。

原理，合理地阐明审辩阅读教学的理论结构与实践方式，不仅能够在前人相关研究基础上，深化与创新审辩阅读教学问题的研究内容与研究体系，而且也能够为实际课堂中教师的阅读教学和学生的阅读学习提供积极的理论规范与实践指引。鉴于当前学界对小学审辩阅读教学问题的整体性探究不平衡、内在理论结构与外在实践方式的系统性探索不充分等问题，坚持系统论理念，从教学活动的整体构成与系统发生的层面，合理探究小学审辩阅读教学问题，无疑为推进审辩阅读教学问题的研究提供了积极的研究方向。

根据上述研究思路，本书遵循理论到方法、方法到实践、实践到反思的研究路径，以"内涵阐释—理论探究—方法探讨—实践应用"为研究主线，系统探究小学审辩阅读教学的理论与实践问题。

第一，对小学审辩阅读教学的内涵价值问题进行系统探讨，以厘清审辩阅读教学的内涵价值；第二，在明确审辩阅读教学内涵价值的基础上，对小学审辩阅读教学的一般理论形式进行系统构建，具体探讨审辩阅读教学的理论基础、构成要素、结构层次、发生过程和发生条件等问题；第三，依据审辩阅读教学理论形式的构建结构，系统探究小学审辩阅读教学的基本实践方式，着重对审辩阅读教学的操作策略、设计思路、实施过程和评价途径等问题进行深入探究；第四，通过对小学审辩阅读教学的实验研究，考查审辩阅读教学对小学生审辩阅读素养发展的实效性，进而验证审辩阅读教学的理论形式构建与实践方式探究的合理性与有效性。其中，对小学审辩阅读教学理论形式的构建和实践方式的探究是本书的主体内容和重点。具体研究路径如图1-2所示。

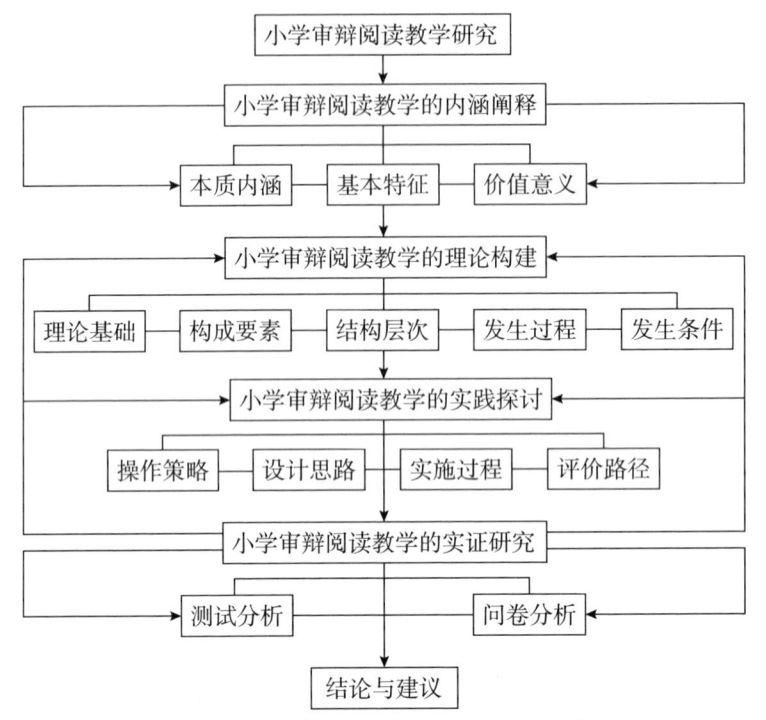

图 1-2　小学审辩阅读教学研究路径图

二、小学审辩阅读教学研究方法

为系统探究小学审辩阅读教学的理论形式与实践方式，考查相关教学理论形式与实践方式在实际教学应用中的合理性与有效性。根据所要解决问题的实际需要，我们主要采用系统分析法、教育实验法、问卷调查法进行相关研究问题的分析与探究。

（一）系统分析法

系统分析法直接源于系统论思想，它是对近代科学分析方法的补充和发展。由于近代科学的快速发展和学科的不断独立，科学分析方法自然被人们推崇，它提倡借助科学手段将事物从整体中抽离出来，从各自的特性或特殊因素的关系出发，对事物进行深入研究，使人们对事物认识的深度、准确性得以极大提升。近代科学分析方法偏重于从事物特殊性出发剖析研究对象，它的优势是让人们对事物的某些特性得到更为深刻的把握，不足之处是限制了人们从整体上把握事物的一般性质和基本功能，从而无法解决各学科发展中遇到的大量系统问题。相关研究者指出，对事物进行科学探究，"不能只是孤立地研究部分和过程，还必须解决使它们统一起来的组织和秩序中发现的决定性的问题"。[①] 因而，系统分析法应运而生。系统分析法强调挖掘研究对象的潜在系统，把研究对象的外在系统和潜在系统有机结合，从事物发展的整体视角剖析研究对象，即从互相制约和促进的思路探究研究问题，它的实质并不排除近代科学分析方法，而是人们对事物认识方式的不断更新，即人们的"分析"和"综合"思维向着更高层次的发展。

任何教学均是由教师的教与学生的学在一定课堂空间里共同构成的活动系统，审辩阅读教学是语文学科教学的一种阅读教学活动系统。为了系统探究小学审辩阅读教学活动的理论形式与实践方式的根本问题，我们运用系统分析法的整体性、结构性、动态性和相关性等分析原理，将审辩阅读教学的理论探讨和实践探索有机结合，对小学审辩阅读教学的本质、要素、结构、过程、功能等基本理论问题和审辩阅读教学的操作、设计、实施、评价等系列实践应用问题进行系统探究。

（二）教育实验法

教育实验法是教育研究中一种重要的实证性方法，是研究者根据一定理论依据作出研究假设，并采用具体方法对教育情境中的真实教育现象或突出教育问题进行针对性的实践操控，从而发现所研究问题的内部关系和本质规律的过程。实验研究是一种受控的研究方法，它通过对实验变量的确立与操控，进而考查实验变量之间的因果关系。实验研究的关键是实验设计，首先，研究者需要从研究问题中，明确研究变量，提出研究假设，

---

① [美] 冯·贝塔朗菲：《一般系统论：基础、发展和应用》，林康义、宏森译，北京，清华大学出版社，1987。

确立实验目标。其次，依据实验步骤操纵自变量和控制无关变量。最后是收集与整理数据，分析实验结果和验证研究假设等。"预见性"和"干预性"是实验研究最显著的特征。[①] 实验法在教育研究中的科学运用，集中表现为研究者以"假设"的方式积极预见教育问题的内在关系，然后通过主动干预的方式对研究假设进行有效验证，从而帮助研究者超越对教育问题的经验性观察和纯粹思辨，有效获取相对客观的和可重复性的研究结果。教育实验研究在一定程度上能够积极突显教育方式、教育手段和教育行为的有效性与合理性。但研究者对教育真实环境的改变、实验样本的选择误差及实验样本的数量大小等，均可能会降低实验结果在自然教育情境下的可重复性，这是研究者在教育实验研究中应该积极应对的问题。

为了考查审辩阅读教学对学生审辩阅读素养发展的影响，进而验证审辩阅读教学理论形式构建与实践方式探究的合理性，我们采用教育实验研究法，在小学开展语文审辩阅读教学实验。具体而言，我们通过实验被试的确定，对实验组的授课教师进行审辩阅读教学的理念、设计、实施等相关培训，编制审辩阅读能力测试工具与有序展开实验等研究程序，以考查小学审辩阅读教学的实践应用效果，进一步验证与完善相关理论结构与实践方式。

（三）问卷调查法

调查法是教育领域定性研究和定量研究中最常用的研究方式，它是一种基于实证主义哲学，以设问的形式表述研究问题，有目的、有计划地探究教育问题的研究方法。问卷调查、访谈调查是调查研究法的重要类型。其中，问卷调查是通过标准的问卷调查工具，对教育现象或教育现状进行深入探究，以探明教育现象的基本特征及教育现状背后的真实原因，从而为有效开展教育实践提供可靠依据。由于调查研究目的的不同，问卷调查研究可细分为：以解决"是什么"问题的现状调查，以探寻"有什么关系"

---

① 陈向明：《教育研究方法》，北京，教育科学出版社，2013。

的相关调查,回答"为什么"问题的原因调查和"发生什么变化"的跟踪调查等研究类型。①问卷调查研究一般以无记名的方式对适宜研究对象进行问卷调查和资料收集,较之其他研究法,具有相对客观、抽样范围广、成本低、结果便于处理等优势。问卷调查研究有助于研究者对一般数量化的资料信息的收集与整理,但对复杂性教育问题的探究难以深入,需要研究者选择具有较高代表性的样本,并对调查问题的准确性、有效性和逻辑性进行准确把握,从而有效设计和编制问卷调查工具。问卷调查工具编制完成后,必要时可以通过相关专家咨询和预调查等程序,修正与完善问卷内容,进而提高问卷调查工具的信效度,确保问卷调查结果的有效性。

我们采用问卷调查法,基于对小学生审辩式思维倾向问卷工具的编制,对参与审辩阅读教学实验的研究被试进行问卷调查研究,考查审辩阅读教学对小学生审辩式思维发展的影响。采用问卷调查的同时,我们还运用访谈调查、观察法等方式,积极了解小学生在接受审辩阅读教学实验前、后的课堂行为、心理状态、思维习惯等的变化情况,为问卷调查结果分析提供一定依据,同时更全面、准确地考查与评估审辩阅读教学的实验情况。

---

① 陈向明:《教育研究方法》,北京,教育科学出版社,2013。

第二章

小学审辩阅读教学的内涵意蕴①

阅读是个体学习知识、获取意义和实现精神成长的重要方式。人们在语文学科教学中早已注意到发展语言与培养思维的协同性和必要性，在阅读教学中人们也意识到了培养学生审辩阅读技能的重要性。然而，学界正式开始对语文审辩阅读教学问题的探究是近些年来的事，目前研究者对审辩阅读教学内涵的认识并未统一。明确审辩阅读教学的内涵是探究审辩阅读教学的基本前提。本章结合审辩阅读相关研究观点，系统阐释小学审辩阅读教学的本质、特征及价值，为进一步探究小学语文审辩阅读教学的理论与实践提供清晰的概念范畴。

审辩阅读教学的内涵

审辩阅读教学是基于个体思维逻辑的分析与论证原理，引导学生对文本信息进行深入分析、理性判断和创意应用的阅读教学活动。学术界一般

---

① 本章部分内容已被《郑州师范教育》2020年第6期刊发。

认为,审辩阅读教学的根本目的是培养学生审辩式思维,帮助学生学会质疑,发展分析、反思等思维技能。[①]然而,从语文学科阅读教学的性质及其培养目标看,审辩阅读教学的确需要关注学生审辩式思维能力的培养,但发展审辩式思维只是审辩阅读教学的重要目标,并不是审辩阅读教学的全部内容。学界对审辩阅读教学的内涵理解分歧,在一定程度上可能会限制研究者对审辩阅读教学问题的系统探究。因而,坚持系统论理念,厘清审辩阅读的内涵,是阐明审辩阅读教学本质的重要依据。

一、审辩阅读的本质

审辩阅读是个体从书面符号中系统分析信息、合理判断信息与有效获取意义的复杂认知活动。在前人对审辩阅读相关问题的认识的基础上,我们从个体阅读认知发生的过程与发生方式出发,对审辩阅读的本质进行系统阐释,以便能够更全面、准确地探究小学语文审辩阅读教学的内涵特征。

(一)审辩阅读是一种深层次的思维方式

从阅读认知发生的方式看,阅读一般需要涉及视觉分析、字形加工、语音加工和语义通达四个认知过程;[②]个体的阅读能力集中表现为对书面符号的视觉分析、字形加工、语音加工及语义通达的水平与速度,简言之,阅读能力即为个体对书面符号的理解能力。个体阅读能力的形成与发展是一个从无到有,从简单到复杂,从低级到高级逐渐发展的过程。[③]因为个体在识字之前,只有口语的理解能力和表达能力,不具有书面语言的理解力。只有当个体具有了一定识字量,个体才能具有基本的认读能力和释读能力,才能进一步对文本进行解读、评价和鉴赏等认知活动。

---

① 余党绪:《祛魅与祛蔽:批判性思维与中学语文思辨读写》,北京,中国人民大学出版社,2016。
  欧阳林:《批判性思维与中学语文阅读教学》,北京,中国人民大学出版社,2019。
  李晓燕:《小学生整本书批判性阅读教学案例》,武汉,华中科技大学出版社,2019。
② 白学军、闫国利:《阅读心理学》,上海,华东师范大学出版社,2017。
③ 周正奎:《语文教育改革纵横谈》,北京,教育科学出版社,2013。

哈里斯（Harris）与霍奇斯（Hodges）在《阅读及相关术语词典》中首次对"审辩阅读"进行了明确阐释，认为审辩阅读是指"在阅读过程中作出的判断，是对阅读的内容作出的相关的、恰当的评估"。[①]安德森（Anderson）在其《学习、教学和评估分类学》专著中，也强调了阅读主体在审辩阅读过程中对文本的分析和评估的重要性，认为审辩阅读是"阅读思考过程中一种分析和判断的能力"，需要读者"在评估的过程中依据信息得出自己的结论"。[②]美国阅读心理学家史密斯（Smith）在《阅读中理解的多样性》中将个体的阅读心理过程划分为：字面的理解、字面的解释、审辩阅读和创造性阅读四个层次。指出审辩阅读属于个体阅读活动中的高级认知层次，即审辩阅读是"能对所阅读的材料给出自己相应的判断、反馈"的认知活动。在审辩阅读层次，个体需要对阅读文本有较深入的理解和思考，并根据文本信息形成自己独立的判断和评价。[③]埃德（Elder）与科尔蒂纳（Cortina）将审辩阅读看成是个体对阅读文本的一种深层次理解过程。[④]

国内学者也在相关研究中阐释了对审辩阅读的观点，李海林在探讨阅读方式的具体类型时，认为审辩阅读是"以阅读主体对文本的比较、判断、分析与评价为主体的阅读方式"。[⑤]张必隐在《阅读心理学》一书中，强调文本评价是审辩阅读的重要内容，认为审辩阅读"不仅是让读者赋予文本材料一定的内涵意义，最重要的是超越作者所赋予的信息，具有从阅读中对文本材料进行评价的能力"。[⑥]鲁子问从批判性和阅读性两个维度阐释了

---

① 李晓燕：《小学生整本书批判性阅读教学案例》，武汉，华中科技大学出版社，2019。
② [美]安德森 L.M.：《学习、教学和评估分类学——布卢姆教育目标分类学（简缩本）》，皮连生译，上海，华东师范大学出版社，2008。
③ 马笑霞：《阅读教学心理学》，石家庄，河北教育出版社，1997。
④ Elder, J., Cortina, J. "Opening Doors: Understanding College Reading (4th ed.)", Boston: McGraw-Hill, 2005.
⑤ 李海林：《如何构建一个可用的阅读教学内容体系》，载《中学语文教学》，2010（11）：4-8。
⑥ 张必隐：《阅读心理学》，北京，北京师范大学出版社，2014。

审辩阅读的性质，认为审辩阅读是批判性和阅读性的统一，审辩阅读不仅是读者通过教育实践主动建构社会文化意义的活动，也是读者审辩式思维能力发展的活动，还是读者进行话语分析和信息处理的心理活动。[1]余党绪从师生与文本的关系以及对待文本的态度的研究视角，认为审辩阅读就是一种对话式阅读，是"以文本为中心，主张一切断言与结论都应依托于文本的'细读'"。[2]关于审辩阅读的具体结构，祁寿华认为审辩阅读包括主动性阅读、建设性理解和评判性反应三个阅读层次：主动性阅读说明了读者不是被动接受文本内容，而是主动、积极地参与文本意义的建构；建设性理解表明读者通过对文本材料的阅读，能够准确阐释文本的关键内容和内涵意义；评判性反应是审辩阅读的最高境界，要求读者在理解原文的基础上，对文本重要的问题和自己感兴趣的内容进行更深入的探究，并作出评估。[3]纵观上述观点，审辩阅读不是一般意义上的字词认读和常规形式下的感知性阅读与印证性阅读，而是一种以认读和释读为基础，以文本的准确解读和深入评价为核心的深层次阅读，强调阅读主体在阅读过程中对文本的主题、内容及文本所蕴含的意义进行系统的分析、辨别、判断和评价。

（二）审辩阅读是一种探索性的认知过程

就阅读的实质而言，一般意义上的阅读，仅仅是个体为了获取新知识技能、了解新信息而进行的功利性阅读，或是漫无目的式的娱乐性阅读。[4]例如，在生活中，人们为了更好地使用某机器而阅读说明书中相关的操作程序与方法，或是为了了解国内外某事件新的状态而阅读新闻，抑或是为了打发时间而随手拿起身边的书刊或手机翻阅吸引眼球的故事、广告等。

---

[1] 鲁子问：《批判性阅读的性质与教学实践思路》，载《英语学习（教师版）》，2015（9）：39-42。
[2] 余党绪：《比教学范式建设更紧迫的，是改善我们的思维——关于思辨性阅读教学的思考》，载《语文建设》，2018（1）：9-13。
[3] 祁寿华：《西方写作理论、教学与实践》，上海，上海外语教育出版社，2000。
[4] 刘铁芳：《教育生活的永恒期待》，长沙，湖南教育出版社，2014。

然而，审辩阅读是以"探索"为核心，追问知识更深层次的前提、理由、证据，探寻文本意义的合理性和真实性的过程。审辩阅读并不否认一般意义上的阅读目的，它的最终目的不仅是获取知识，而且是更好地获取知识。同时，在更好地获取知识的过程中，不断扩展个体知识面和发展自我认知能力。例如，一般个体需要阅读某机器的说明书，很可能只是关注说明书的操作流程，仅仅是为了学会如何操作机器，而懂得审辩阅读的个体不仅会关注机器如何操作，还会思考该操作方法是否最有效、该操作方法与其他类似机器的操作方法的异同等问题。有研究者认为，人们日常生活中一般意义的阅读是一种以简单吸纳为目的的"海绵式"阅读，而审辩阅读则是一种以"探索"为目的的"淘金式"阅读，是针对论证的主张，探究其理由的真实性或可信性以及推理的有效性，鉴别论证中可能存在的种种谬误，对所读到或听到的信息作出积极主动的反应。[1] 因而，就具体阅读目的来说，审辩阅读是对文本表达的主题意义及其蕴含的内在价值进行深入探究、系统分析与合理验证，以更好地获取准确的知识、敏锐的思维和开阔的视野为根本目的的认知过程。

（三）审辩阅读是一种发展性的阅读活动

审辩阅读是"读者在理解文本的基础上根据一定的原则和标准对读物的真实性、有效性及其价值进行判断并作出评价的一种阅读活动"。[2] 它的核心任务是充分理解文本的基本内容及准确辨别和评估作者在文本中所表达的观点、立场、理由的合理性。也有研究者认为，审辩阅读是"理解与判断建立在质疑与反思之上"，是"走向真知的必由之路"，审辩阅读的中心环节是对文本内容进行质疑、反思和建构。[3] 审辩阅读可帮助阅读主体从

---

[1] 谷振诣、刘壮虎：《批判性思维教程》，北京，北京大学出版社，2006。
[2] 何强生、刘晓莉：《批判性阅读及其策略》，载《当代教育科学》，2003（19）：54-55。
[3] 余党绪：《阅读的转型：从印证性阅读到思辨性阅读》，载《教育科学论坛》，2020（19）：27-32。

不同的视角找到文本的多样性解读和获取超越常规的见解。[①]在审辩阅读的系列环节中,阅读主体不仅是简单地获取文本内容或新的知识观点,更多是需要积极调动已有经验,充分运用能动的思维方式对文本内容及其潜在价值进行全面分析和深入评价,从而形成自我观点、主张和结论。审辩阅读提倡尊重阅读主体的感受与观点,强调阅读主体不是被动、简单地接受知识,而是秉持发展的思维,对文本与作者进行全面认识与深刻反思。因而,审辩阅读是一种既忠实于文本,又超越文本的发展性的阅读活动,它不仅是阅读主体获取新知识、丰富认知结构、发展理性思维素养、有效分析问题和解决问题的重要方式,同时也是个体增强生活体验、提升精神境界、探寻生活意义和追求生活理想的重要途径。

二、审辩阅读教学的内涵

从上述研究阐释可以看出,审辩阅读不是常规意义上的感知性阅读和理解性阅读,它是个体对文本信息进行深层次思考、探索性认知与发展性阅读的认知构建过程。根据审辩阅读的内涵特征,我们将从审辩阅读的思维性特征和阅读性特征两个方面,系统阐释小学审辩阅读教学的内涵,以便为进一步探究小学审辩阅读教学的理论形式构建与实践方式提供理论基础。

(一)审辩阅读教学是发展深度阅读技能的教学活动

审辩阅读教学是发展学生审辩阅读素养的教学组织形式。审辩阅读技能是审辩阅读素养的重要组成部分,发展学生审辩阅读技能是教师开展审辩阅读活动的重要内容。根据语文学科的阅读教学大纲,不同学段的阅读教学要呈现出由简单向复杂的变化,其实质是由基础性阅读向深层次阅读发展的过程。例如,在理解课文内容方面,小学低年级阅读教学仅要求"了解词句"意思;中年级则要求"把握文章主要内容""体会思想感情",并对课文中有疑问的地方独立提出"问题";高年级要求"领会表达方法"、

[①] 赵福楼:《真语文需要兼容理解性和批判性阅读》,载《语文建设》,2013(9):8-10。

在对课文的交流与探讨中"敢于提出看法"和"作出自己的判断"。[1]

审辩阅读教学以获取知识和探究意义为主线,其根本任务是引导学生有效地分析文本,以便学生能够充分理解文本。有效分析文本是理解文本的重要前提,是深度阅读的重要技能。从本质上说,开展审辩阅读教学的主要目的是引导学生通过对文本的深层次反思,超越对文本的常规理解,最终有效获取深度阅读技能,即有效发展学生的阅读分析、阅读反思和阅读评价能力。[2] 从这个意义上说,审辩阅读教学的实质是一种阅读教学活动,它以文本为内容载体发展学生的书面理解能力。因而,审辩阅读教学首先需要遵循语文学科阅读教学的发展目标,在培养学生对字、词、句熟练认读、释义的基础上,进一步发展学生对文本内容、作者思想、编者意图进行质疑、分析、判断、评价、反思等深层次阅读技能。

(二)审辩阅读教学是培养理性思维品质的阅读活动

审辩阅读是一种既受个体阅读性限制,也受个体思维性制约的复杂的认知过程。发展学生的审辩阅读素养,不仅体现为帮助学生发展审辩阅读技能,同时需要"基于培养'人'这一终极目标展开的实践探索",[3] 积极关注学生理性思维品质的形成与发展。因而,教师在审辩阅读教学活动中,引导学生对文本内容、结构和潜在意义进行深入理解和全面分析的根本目的,不仅是帮助学生发展深度阅读技能,即获取良好的阅读思维策略,同时是引导学生学会多视角思考,形成良好的理性思维能力。良好的理性思维能力不仅指向学生拥有开阔的、深刻的和灵活的思维技能,还意味着学生拥有辩证的、包容的和换位思考的思维态度。理性思维态度是理性思维素养的集中体现,具体表现为阅读主体既能积极吸取文本的优秀养分,又

---

[1] 教育部基础教育课程教材专家委员会:《义务教育语文课程标准(2011年版)解读》,北京,高等教育出版社,2012。
[2] 成授昌:《阅读批判:阅读文本的理性超越》,载《扬州教育学院学报》,2009,27(2):89-92。
[3] 徐鹏:《批判性阅读的域外视界:借鉴与反思》,载《中学语文教学》,2017(9):4-8。

能就作者的时代背景、思维立场和表达风格等内容提出自己的看法，同时也能承认并积极吸纳身边阅读个体的观点和看法。

理性与主体性是现代性的根本原则。[①] 社会的发展与个体的成长离不开理性的引导与规范，现代教育活动的重要职能无不体现了在尊重个体主体性的基础上，通过对个体进行知识经验、思维方式和价值观念的引导，进而帮助个体实现理性的最大化。具体而言，就个体成长来说，理性思维态度和理性探讨方式是人格不断完善的重要体现；从社会发展来看，任何时代的发展和社会的进步都离不开理性的支撑，人与人之间的理性自觉是社会不断发展的重要条件。阅读过程能够促进理性思维的发展。[②] 从本质上看，审辩阅读教学是理性语文教学的重要体现，它是以"创造、建构和生成"为方向，引导学生在深度阅读中自我建构，在个性体验中反思表达。[③] 从这个层面而言，审辩阅读教学对学生阅读思维策略的培养和个体性思维能力的关注，其重要目的是在指导学生获取必备思维技能的基础上，不断唤醒个体的理性自觉，逐渐养成理性思维的习性。

综上，审辩阅读教学具有阅读性和思维性的双重教学目的，它不仅关注学生积极发展深度阅读技能，准确获取信息、分析文本和有效运用信息，同时也注重引导学生秉持开放的视野，从多视角反思文本主题，养成独立思考的习惯，学会理性决策。小学语文审辩阅读教学是培养小学生审辩阅读素养的教学活动，其实质是引导学生积极发展深度阅读技能和理性思维品质。

---

① 胡辉华：《合理性问题》，广州，广东人民出版社，2000。
② 郭超：《我们为什么还要读书》，载《光明日报》，2015-04-25（009）。
③ 张达红：《理性语文教学：培养明智善辩的公民》，载《教育探索》，2015（4）：61-65。

审辩阅读教学的特征

审辩阅读教学主要是以获取知识和探究意义为主线，以促进学生深度阅读技能和理性思维素养的综合发展，即以培养学生对文本内容和文本潜在意义的深层次理解为根本目的的阅读活动。审辩阅读教学是语文学科阅读教学的亚类型，是一种典型的思辨性阅读教学活动。审辩阅读教学与一般阅读教学有共通的地方，也具有其明显的外在形态和独特的内在特性。准确把握审辩阅读教学的基本特征是全面认识和深入探究小学审辩阅读教学问题的重要环节。

一、思想性

随着素质教育观念的深入，特别是培育学生核心素养教育理念的积极落实，学生在课堂上的学习主体性得到了更多的体现。近年来，常规阅读教学也十分注重学生的学习主体性，例如，课堂上强调让学生用多种朗读方式朗读课文，强调多提问、多让学生回答问题或给学生机会让他们向老师提问等多样性教学形态。然而，当静下心去追问此类课堂背后的知识逻辑和教学效果，结果并不尽人意。这种"多读""多问""多说"的语文教学不知不觉陷入了另一种教学极端，"过于关注情感渲染而忽视了语文教学的理性演绎"成为当前语文阅读教学的共同问题。[1] 从表面看，此类语文课堂虽然气氛活跃，师生交流频繁，学生表现主动，然而，教师的提问却存在极大随意性，提问质量浅显，学生虽然举手积极，往往表达欠佳，抓不住问题的要害，没有独立的观点，甚至答非所问，最终产生学生阅读成绩不理想及其思辨能力提升缓慢等诸多问题。小学语文阅读教学表面是引导学生对文字符号进行认读与理解，其实质是帮助学生在理解文本信息的基

---

[1] 邢秀凤：《小学语文教学：呼唤理性思维的回归》，载《课程·教材·教法》，2009，29（12）：41-46。

础上，进一步思考与发现文本信息的生活意义和社会价值，从而拓展学生的思维空间，实现精神成长。

为了帮助学生获取深度阅读技能和养成理性思维习惯、促进学生的审辩阅读能力积极发展，审辩阅读教学提倡，教师在小学语文审辩阅读教学活动中，需要遵循学生的思维发展特征，依据理性思维逻辑合理地设计教学活动。个体的思维发展特征与理性思维逻辑必然是开展审辩阅读教学活动的重要支撑。在理性思维逻辑下，审辩阅读教学的活动形式无疑是以学生为中心，注重师生交流与对话，基于学生个人经验可思考的能力范围进行对话。教师的提问则是基于理性思维逻辑和经过教师认真和严密思考的，因而教师的每一次提问和每一个教学互动环节都是遵循理性思维发展的逻辑，其必然也遵循着学生的知识学习和素养生成的逻辑。就此而言，审辩阅读教学呈现的教学氛围不是一般教学意义的活跃，华而不实，徒有虚名，而是一种遵循知识逻辑的灵动的教学形态，即教学氛围的活跃性和教学影响的深刻性的有机融合，这样的阅读教学无疑具有深刻的思想性和真实的内涵性，必然能够给予小学生以思维的训练和思想的启迪。

二、思辨性

思辨性是审辩阅读教学的本质特征，思辨是促进学生的阅读思维技能和理性思维习惯积极生成的集中体现。审辩阅读教学的实质是帮助学生在系统获取文本知识的基础上，引导学生对所获取的文本内容和主题进行全面的分析和系统的思辨。思辨的目的不仅仅是质疑所学知识的多样性、可靠性和有效性，更是检验所获取知识的合理性和建构更合理的知识体系。思辨是对既有知识或既成事实的再认识和再思考。审辩阅读教学的思辨性主要体现在教师引导学生从一维向多维、从表层向深层和从碎片化向系统化的思路，对既定文本的分析、比较、评估和论证。思辨是为了理解，[1] 审

---

[1] 孙城：《思辨性阅读教学的方法论和实践路径》，载《上海教育科研》，2020（9）：82-85。

辩阅读教学强调思辨的根本目的是帮助学生在理解知识的客观性的基础上，同时把握知识的丰富性和知识的特定性。具体而言，是帮助学生改善常规阅读教学中"不知所措""盲从"的思维状态，形成理性思维和个人独立见解，在超越先前知识经验积累的基础上，促进新的知识经验的不断积累和更合理的思维行为的发生。

为了引导小学生养成独立思考的习惯和掌握自主的思辨技能，审辩阅读教学提倡依据教学大纲各个学段要求和学生认知特点，引导学生对课文文本字词、句式、背景、主题、结论等进行系统思考，并作出合理判断和客观评价。在信息化社会，浩如烟海、良莠不齐的文字信息，时常让人感到困惑和无所适从。审辩阅读教学的根本目的在于引导学生发展阅读思维技能，促进学生养成良好的理性思维习惯和掌握理性判断的技能，思辨性即为审辩阅读教学的重要标志。小学语文审辩阅读教学起点是基于个体的思维逻辑原理，关注学生对文本整体信息的准确理解和鼓舞学生对文本不同信息的比较分析，并加以推理、论证和反思，以进一步帮助学生加深知识技能的学习和促进理性思维习惯的养成。

三、建构性

思辨性既是判断审辩阅读教学的重要特征，也是审辩阅读教学的根本追求。审辩阅读教学的思辨性源于引导学生对课文文本信息的准确理解，因而信息提取是审辩阅读教学的基础，是学生积极学习与合理建构的开端。审辩阅读教学的首要任务就是帮助学生如何快速准确地获取正确的知识和观点，以加深对课文的科学认知，而不是让学生对课文内容进行"一刀切"的批判与否定。为了让学生准确理解文本信息，审辩阅读教学强调培养学生的分析、推理、综合、评估等高级认知能力。一个完整的文本信息，即一篇课文，就是一个大结论，它是由多个小结论构成的一个大结论。[1] 从这

---

[1] 李文玲、舒华:《儿童阅读的世界Ⅲ》，北京，北京师范大学出版社，2016。

个意义上说，审辩阅读教学就是帮助学生从文本信息中合理地、有效地获取结论和表达观点的过程。根据个体思维逻辑的相关论证原理，任何一个系统分析的完整的结论，都离不开对文本结论的内在理由的充分挖掘，即对文本中基本事实的表述及其必要条件的说明，并对某些例外作出进一步限定。[1] 引导学生根据结论寻找文本中作者的理据、前提是帮助学生充分理解文本的重要途径，也是学生提高分析、推理和论证等认知能力的重要方式。

从实质而言，审辩阅读教学是依据理性思维的逻辑，积极引导学生加深对文本中知识的不断积累与内化，从而促进学生对所获取的知识经验进行积极的自我建构。因此，小学语文审辩阅读教学是对仅仅关注知识讲解与结论归纳的常规阅读教学的超越，它是引导学生通过文本结论系统分析原因，揭示结论隐含的成立前提与必要条件，并注重不同结论之间的比较，强调不同性质知识之间的相互影响和促进不同知识之间的有效运用与积极建构。积极的建构是为了使学生获取更全面、更准确的知识，改变狭隘的认知。[2] 特别是对于认知水平不高和认知能力发展不足的小学生，更需要考虑阅读教学对学生发展的积极建构，引导学生表达观点、陈述理由，通过教学的联想与想象，逐层递进，体验思考的快乐和探索的奥秘，让学生感悟知识建构的力量和乐趣，不仅知其然，还知其所以然，审辩阅读教学正是弥补常规阅读教学不足的教学方式之一。

四、创生性

儿童是具有灵性的存在，是受动性与能动性、适应性与创生性的统一。创生性既是人类进步和社会发展的重要特征，也是儿童从自然人转向社会人、文化人的重要途径。创生思维是一种"以建立新异联系、突破思维定式、

---

[1] 程超：《小学语文阅读教学研究》，北京，中国农业科学技术出版社，2017。
[2] 郝文武：《知核力：知识的两大本性及其相互影响的复杂层面和关系》，载《北京师范大学学报（社会科学版）》，2015（5）：23-32。

构建思维图像为基础,以综合性、开创性和跃迁性为特点的心智活动"。[①]个体的思维发展、人格健全与人生价值的实现均离不开对其创新性思维和创造性能力的引导与培育。教育是促进个体获取知识、发展素养和适应与改善社会的重要社会活动。学校教育除了引导学生学会理性思辨、合理地吸取足够多的人类所积累的先进知识经验,更承担着培育学生创生性的重要任务,帮助其超越现有的知识经验,创建更理想的知识积累和追求更美好的社会生活。伴随着社会生产力的快速发展和科学技术的突飞猛进,发展个体的创新性思维能力早已成为学校人才教育的重要主题。发展学生的创生性,虽然已是各级学校每门学科教学致力追求的目标,然而,在应试评价问题并未充分得到解决的现实教育背景下,学校课堂教学要真正落实培养学生的创生能力,仍然是心有余而力不足。

在语文学科教学方面,因为当前语文阅读教学主要是以语言知识的理解、识记、练习为主,并未采取切实可行的方法引导学生进行语言知识的创新建构与创意应用。[②] 小学审辩阅读教学在强调发展学生深度阅读技能和理性思维品质的同时,也考虑了对学生创生性思维的培养。例如,通过课文改写、作品设计等文本应用的形式促进学生创生性思维的发展。审辩阅读教学强调引导学生从文本阅读的过程中寻求合理性依据与作出自我决策,它不仅体现了对既定文本的深层次反思,即对文本事实作出合理的否定或肯定的回答,而且体现了基于能动的思考,对既成事实的未来发展进行可能性预判和可行性改变。因此,小学审辩阅读教学不仅仅是对事实质疑与价值认同的课堂,对文本知识进行积极的建构与解构的过程,同时还是一个迸发创生性思维的课堂,对文本蕴含的潜在可能性进行创意思考和创造性发现的过程。

[①] 张敬威、于伟:《非逻辑思维与学生创造性思维的培养》,载《教育研究》,2018(10):40-48。

[②] 邢秀凤:《语文课思维教学的必要性与实施策略》,载《教育研究》,2018(12):63-70。

审辩阅读教学的价值

审辩阅读教学在遵循理性思维逻辑和学生的思维发展特征的前提下，强调教师引导学生对阅读文本的内容、结构、主题等进行深入的分析与合理的思辨，同时关注学生对文本知识的内化与积累，在积极的知识经验建构的基础上，实现思维的发展与智慧的生成。审辩阅读教学对学生知识的积累、素养的形成、内在潜能的激励以及生活志向的引领有着独特的价值功能。阐明小学审辩阅读教学的价值对准确理解审辩阅读教学的本质有着重要作用。

一、激发阅读动力

识字与思考是阅读的重要条件，然而会识字、能思考并不一定意味着能够自觉阅读。在实际阅读学习中，如果学生仅有良好的认字能力，没有自觉的阅读习惯和内生的阅读需求，很难实现有效的阅读学习和可持续的阅读能力的发展。阅读动力是阅读兴趣内化的集中体现，是学生实现主动阅读和自主阅读的基本前提。缺乏阅读动力已成为当前推进学生主动阅读的重大阻碍。[1]激发小学生的内生阅读动力，帮助学生从根源上体验到阅读的乐趣，从书本中探寻到知识的奥秘，促进学生可持续的阅读学习和思维发展，是审辩阅读教学关注的首要任务。审辩阅读教学是以寻找文本的认知焦点、激发学生的认知冲突和思维碰撞为重要特征的教学活动。成长中的儿童总是对世界充满了好奇心与探索的愿望，探索与思考是儿童的天性。思考是一个快乐的过程，有研究者揭示了思考与快乐之间的联系，相关研究认为：人类喜欢理性能力，而且实现的能力越多，或所需的能力越复杂，

---

[1] 陈雨婷：《激活学生阅读动力的"金钥匙"》，载《教育科学论坛》，2019（6）：5-7。

他们就越快乐。[①] 在一般阅读教学中，教师往往忽略了对学生高层次思维能力的关注，缺乏对其理性思维能力发展的引导。小学审辩阅读教学通过引导学生分析与辨别文本内容、结构、主题的真实性和逻辑性，在提出问题与解决问题的智力激励与挑战过程中，学生不仅可以获取知识与智慧，同时能够感受快乐与愉悦。通过由浅入深、循序渐进的审辩阅读教学的思维训练，小学生必然能够体验到思考的快乐和阅读的乐趣，并在不知不觉中激发内生阅读动力和学习探究的兴趣。

二、培养独立思考

当人们在面对迷惑或多重选择时，往往表现出犹豫不决或是左右为难，并常常把原因归结于自己能力不足，以致经常放弃对所面临的问题作尝试性思考。当然，引发人们不愿作尝试性思考的原因是多方面的，其深层次原因主要是缺乏独立思考的习惯。独立思考是个体在综合分析不同观点的基础上，独立于他人观点而进行自主思考和形成自我结论的过程。独立思考不是封闭的自我思考，而是建立在他人的观点基础之上的"独立"思考，是一种认真考虑和充分理解自我与他人观点的合理性的认知结果。[②] 独立思考的最大好处未必是发现真理或找到标准答案，而是发现和消除自己的错误信念，知道自己所知的缺陷，获得自知之明。[③] 个体要学会独立思考并非容易的事，因为独立思考是一种质疑的认知过程。因而，引导学生学习独立思考，首先需要指导学生学习充分认识自我与反思自我。

小学审辩阅读教学对学生理性思维素养的关注，蕴含着对学生开放思维的拓展和质疑能力的培养，实质是对学生独立思考习惯和独立思考能力

[①] [英]罗伯特·费舍尔：《教儿童学会思考》，蒋立珠译，北京，北京师范大学出版社，2007。
[②] [加]董毓：《批判性思维原理和方法：走向新的认知和实践》，北京，高等教育出版社，2010。
[③] 谷振诣：《如何进行批判——孟子的愤怒与苏格拉底的忧伤》，上海，上海教育出版社，2017。

的培养。因为独立思考是发展学生深度阅读思维技能和理性思维素养的重要基础和基本方式。面对知识多变和信息泛滥，一般意义上的强调师生互动、注重学生提问、突出学生表达等活跃课堂气氛的阅读教学形式难以有效培养学生的独立思考习惯。小学审辩阅读教学则依据理性思维发展逻辑，提倡教师为学生思维能力的提升和思维习惯的转变创造条件，支持学生对文本作出多样性理解，强调不仅仅关注学生对文本思考的结果，更要注重学生对文本思考的过程，不仅仅关注学生是否受文本本身或文本作者、编者观点的影响，更关注学生在与文本对话交往过程中，如何受文本内容或文本创作者的影响以及学生对文本思考的投入程度，从而帮助学生养成独立思考的习惯，坚定信念，坦然面对迷惑，避免盲从或轻易放弃。

三、优化语言思维

语言思维是个体学习、生活和工作的重要基础，具体是指个体对语言信息的理解、组织、表达、应用等系列认知活动的操作能力。它是"思维中最为成熟的思维"，是"经过内部语言概括过的思维"。[①] 例如，"深思熟虑"即为语言思维的形象概括。人们常说，语言是一门艺术，其蕴意强调的是人的语言思维能力的重要性。人的语言思维能力虽然具有一定遗传机能，但它并不完全是个体与生俱来的能力，仍需要个体后天的不断模仿、学习和内化。小学教育阶段是学生语言思维能力发展的重要阶段之一，语文学科是帮助学生发展和提升语言思维能力的重要课程。个体语言思维的发展总是表现出不平衡性，主要通过听、说、读、写等形式表现出来。一般来说，在学前教育阶段儿童的听、说能力就已得到充分发展，小学阶段在发展学生听、说能力的基础上，着重发展其读、写能力，最终帮助学生实现语言思维能力的协同发展。

阅读教学是发展学生语言思维能力的重要途径。由于个体语言思维的

---

① 卢衍黄：《发展语言思维　培养阅读核心素养》，载《中小学教师培训》，2018（5）：50-53。

复杂性，在一般阅读教学中，教师往往容易忽略学生语言思维与实际语言能力的内在联系，而将教学重点主要放在学生的朗读或师生简单的互动对话以及让学生改写句子等活动上。表面上看，这样的阅读教学同时训练了学生的听、说、读、写能力，然而，长此以往，其教学效果并不理想，根本原因就在于教师没有抓住学生语言思维能力发展的特殊性。小学审辩阅读教学以培养学生深度阅读思维技能为根本目的，其实质是依据语言与思维的内在联系而发展学生的语言思维能力。学生语言思维能力的发展必然能够促进学生语言综合运用能力的发展；反之，在审辩阅读教学的引导下，学生语言综合运用能力的有效提升，也说明其语言思维由不平衡转向协同状态。

四、增强信息素养

在信息成几何级数增长的时代，我们需要从众多的信息来源中找到依据，判断文本信息、观点的真实性与可靠性。[1]因而，面对信息复杂化与知识多样性的现实困境，个体无疑需要具有良好的信息素养，才能适应和追求有意义的时代生活。信息素养主要是指理解、收集和处理信息的能力，它内涵十分丰富，一般包括"信息意识""信息知识""信息能力"和"信息伦理"。[2]帮助学生获得必备的信息素养是信息化时代各级学校学科教学的重要内容之一。由于学科性质的差异，并不是每门学科都能很好地促进学生信息素养的发展。

语文学科作为工具性和人文性统一的学科，培养学生的语言能力和人文素养是语文课程的重要目标。虽然信息的表现形态多样化，但是语言信息一直是人们沟通情感、交流思想和传递文化的主要形式。语文学科注重培养学生的语言能力和语言综合素养，在引导学生发展信息意识、信息能

---

[1] 孙城：《思辨性阅读教学的方法论和实践路径》，载《上海教育科研》，2020（9）：82-85。
[2] 朱万侠、李肖霞：《数字阅读素养的影响因素及其作用机制探究》，载《现代远程教育研究》，2018（6）：97-103。

力和信息伦理方面无疑具有其他学科不可替代的优势。审辩阅读教学在实现常规阅读教学语言能力培养目标的基础上,更关注对学生语言思维的培养,注重基于语言思维能力的发展而帮助学生应对文本信息的有效获取与合理选择。从这个意义而言,小学审辩阅读教学对学生语言思维的重视,即对深度阅读思维技能的培养有助于发展学生的信息素养。因为唯有坚持秉持深度阅读思维,才能辨别语言信息的真伪和考查文本知识的价值,才能从复杂、多样的信息知识中获取有效的信息和有用的知识。

五、加深社会认知

人是自在与自为的统一体。一方面,从个体自然生命的层面看,人和世界其他存在物彼此遵循自然而然的存在规律,人需要以物质性为生存与发展的基础;另一方面,人的能动性和主体性为个体认识世界和创造生活提供了条件,使个体在自然而然的生命存在中能够认知自我和改进自我,这是人作为社会性存在与发展的条件。因而,追求有意义的社会生活和获取积极的社会发展是任何生命个体的目标。从自然中生成的人类,却要在生命的活动中,认识人生和改造人生,把人生变成"有意义"的"生活"。[1]探寻生活的理想和实现有意义的生活是人的内在诉求。教育的世界是一个由关系构成的意义世界,意义赋予了教育以崇高性与神圣性,而能够帮助个体来增强其获致生活意义的能力是它的价值所在。[2]从这个意义上而言,教育的实质是通过学科教学以培育求知的形式,激励学生亲近文化、敬重自然、珍爱生命和寻求价值,从而实现对社会存在的认知和对社会生活意义的探寻。

语文学科内容具有丰富的人文内涵,它以语言文化的传承、熏陶、规范等功能启发学生认识文化、了解社会、理解人与人之间的联系和反思自

---

[1] 孙正聿:《哲学通论》,上海,复旦大学出版社,2014。
[2] 刘旭东、王稳东:《儿童美好生活与教育空间的重构》,载《西北师大学报(社会科学版)》,2019,56(2):95-102。

我生活的意义和价值。阅读耕耘儿童的心灵与学力,[①] 小学审辩阅读教学提倡引导学生对凝聚着丰富人文内涵的文本进行深度阅读和理性思考,其根本用意在于指导学生在充分发展语言思维的功用目的基础之上,激发学生亲近文化、走进历史和反观现实生活,与古今中外的智者、仁者进行跨时空的心理对话和精神交流,从而开阔视野,陶冶心灵,促进精神成长,涌现出对生命的敬爱和对生活的挚爱。在人们习惯于以利益和效率为社会主流价值标准的社会背景下,审辩阅读教学的实质是"意义建构",[②] 是强调教师引导学生阅读文本中的人文内涵进行深层次认识和理性反思。一方面,这有利于启发学生加深对自我与他人、自我与社会关系的认识,促进学生个性化和社会化融合发展;另一方面,能够帮助学生从优秀文化,特别是中华民族优秀文化中获取内在心灵的养分,开启学生对文化的认同和对生活意义的探寻。

[①] 钟启泉:《儿童阅读的本质及其环境设计》,载《中国教育学刊》,2019(5):41-46。
[②] 唐明、李松林:《聚焦意义建构的语文深度阅读教学》,载《中国教育学刊》,2020(5):60-65。

第三章

小学审辩阅读教学的理论形式

审辩阅读教学是培养学生审辩阅读素养的教学活动，其实质是兼具发展学生深度阅读技能和理性思维品质双重任务的重要教学活动。小学语文审辩阅读教学既需要遵循一般语文阅读教学和个体思维发展的逻辑规律，同时需要不断探索合乎审辩阅读教学的解释原则，为开展审辩阅读教学实践提供可靠的理论解释。本章基于系统论理念，对小学审辩阅读教学的基本理论形式，即理论基础、构成要素、结构层次、发生条件和发生过程进行系统论述，以期阐明审辩阅读教学的基本理论问题，从而为进一步探索小学审辩阅读教学实践方法提供相应的理论解释与理论支撑。

审辩阅读教学的理论基础

为了有效实现审辩阅读教学的根本目的，小学审辩阅读教学需要积极引导学生在充分理解文本内容和有效运用文本信息的基础上，帮助学生养成主动思考与理性反思的习惯，让学生学会对自我、他人及周围事物进行理性认识和辩证理解。从这个层面而言，审辩阅读教学是一种综合运用思维学、阅读学、心理学和教育学等理论观念，积极促进学生阅读能力和思维能力协调发展的阅读教学活动。目前，学界对审辩阅读教学理论基础的探讨主要集中在审辩式思维视角，其探究视角相对单一。因而，我们从审辩式思维理论、阅读认知图式理论、建构主义学习理论和儿童哲学教育理论多元视角，系统探究小学审辩阅读教学的理论基础，为深入探究审辩阅读教学问题提供合理的理论依据。

一、审辩式思维理论

（一）审辩式思维理论概述

1941年，美国学者爱德华·格拉泽（Edward Glaser）首次正式使用"审辩式思维"（Critical thinking）这一术语论述美国学校教育的改革发展问题。尽管西方对"审辩式思维"进行正式研究的历史并不长，但其最早思想渊源可以追溯到古希腊苏格拉底的助产术教育思想。早在20世纪20年代，美国民主主义教育的开拓者约翰·杜威所提倡的"反省性思维"（Reflective thinking）探究，为"审辩式思维"问题研究奠定了理论基础。杜威认为反省性思维是人脑逻辑能力的反映，是一种基于一定目的、原则的连续性过程；同时他明确指出，在事物认知过程中所涉及的相关概念、判断、分析、综合、理解、假设、推理等是反省性思维能力的基本构成要素。杜威通过对反省性思维的基本性质的探究及对其基本结构的系统阐述，有效阐明了反省性思维与形式逻辑和语言之间的内在关系。自从反省性思维问题被杜威等人正式研究后，国内外学术界逐渐开启了对审辩式思维问题的系统化探究。

审辩式思维的核心是分析与论证，[①]图尔敏论证理论是审辩式思维的重要理论模式。图尔敏论证理论是一种基于形式逻辑理论和非形式逻辑理论的论证理论，它源自英国著名思想家图尔敏（Toulmin）对理性和形式逻辑的反思与质疑。为了实现更有效的论证，图尔敏在辩证看待理性和形式逻辑功能的基础上，构建了基于形式逻辑和非形式逻辑的论证模型，后来研究者称之为"图尔敏论证模型"。该论证模型包括"主张"（Claim）、"资料"（Datum）、"理据"（Warrant）、"支撑"（Backing）、"限定"（Qualifier）、"反驳"（Rebuttal）六个功能要素。其中，"主张""资料"和"理据"是该论证模型构建的基本要素，所有论证中必须包括这三个要素，它们构成了论证的基本模式；"支撑""限定"和"反驳"是论证的补充要素，其并非必然出现在所有论证中。图尔敏在论证的基本模式上加上论证的补充要素，即构成了论证的完整模式。图尔敏论证模型的基本原理是由"资料"和"支撑"共同形成"理据"，在接受了"反驳"后，经过条件"限定"，进而促进"主张"得以成立。图尔敏论证理论超越了传统的"三段论"论证推理模式，展示了人类论证的丰富性和多样化的本质内涵，是一个符合人类决策的"理性过程"特征的认识的模式，更适合于论证的描述、分析和评价。[②]

（二）审辩式思维理论的应用与启示

从20世纪90年代以来，"审辩式思维"成为美国学校教育领域被讨论最多的教育词汇之一。加里森（Garrison）对杜威的"反省性思维"进行深入探究后认为，审辩式思维就是个体问题解决的过程，即"形成问题""界定问题""探究问题""应用"和"整合"；并指出问题解决的流程为"起

[①] 董毓：《批判性思维原理和方法：走向新的认知和实践》，北京，高等教育出版社，2010。
谢小庆：《审辩式思维》，上海，学林出版社，2016。
余党绪：《祛魅与祛蔽：批判性思维与中学语文思辨读写》，北京，中国人民大学出版社，2016。

[②] 杨宁芳：《图尔敏论证模型的意义及反思》，载《重庆工学院学报（社会科学版）》，2008，22（10）：25-28。

始""探究""整合""总结"四个阶段,每个阶段认知活动的开展与实施都需要遵循个体实际的认知经验和当前问题的具体情境。[1] 加里森对审辩式思维结构与内容的探究为教育界开展审辩式思维培养提供了可操作性借鉴。美国大学多类学术能力测试和入学测试中均设置审辩式思维能力的考题,例如,学术能力评估测试(SAT)和大学入学测试(ACT)都设置有单独的审辩阅读测试项目。[2] 与此同时,"华生—格拉瑟审辩式思维测试"(WGCTA)与"加利福尼亚审辩式思维倾向问卷"(CCTST)被广泛用在学校及相关教育机构的招生评价、各种职业机构的就业申请评估和人力资源开发中,为学生的审辩式思维能力发展提供了测评支持。

目前审辩式思维在教学实践层面,主要通过设置专门的审辩式思维课程、将审辩式思维与具体的学科教学相结合和开创审辩式思维相关的实践活动三种形式,发展学生的审辩式思维技能。国内研究者苏红基于核心素养的研究视角,考查了中学生审辩式思维对学业成就的影响后认为,审辩式思维的培养"既是教育目标也是教育手段",其"应与具体学科适度结合",同时也要避免"脱离认知能力的养成"。[3] 郭炯和郭雨涵在厘清审辩式思维的一般过程和外显特征后,从审辩式思维培养的技术层面进行探究,研究基于思维导图、几何画板、电子档案袋等技术工具尝试构建了"技术支持的审辩式思维培养模型"。[4] 谢小庆和刘慧基于对审辩式思维本质内涵的阐释,认为发展学生的审辩式思维,一是学校教育需要避免引导学生对标准答案的探索,二是引导学生对我们习以为常的事物、观念进行多角度

---

[1] Garrion, R. "Critical Thinking and Self-directed Learning in Adult Education: an analysis of responsibility and Control Issues", *Adult Education Quarterly*, 1992(3): 136–148.
[2] A (Mostly) Brief History Of The SAT And ACT Tests, http://www.Erikthered.com/tutor/sat-act-history.html.
[3] 苏红:《核心素养视角下批判性思维的测评与培养》,载《中小学管理》,2016(11):24–26。
[4] 郭炯、郭雨涵:《技术支持的批判性思维培养模型研究》,载《电化教育研究》,2014(7):41–47。

思考、追问和质疑，三是引导学生参与非标准答案的开放性问题的讨论。[①]类似有关对审辩式思维培养问题的探究，为在学科教学中发展学生审辩式思维能力给予了积极的启发。

审辩阅读教学是引导学生从文本信息中合理地、有效地获取结论和表达观点的认知过程。一般而言，一个完整的文本信息，即一篇课文就是一个大结论，它是由多个小结论构成的一个大结论。[②]根据图尔敏的论证理论，我们可以看到，任何一个对完整结论的系统分析，都离不开由对基本事实的表述和对必要条件的说明而构成的支持结论的理由，以及对某些特殊例外的进一步限定。论证由前提和结论所构成，其中，前提为结论提供理由，结论是被前提所支持的断言。[③]引导学生根据结论寻找文本中作者的理据、前提是学生充分理解文本的重要途径，也是学生提高信息分析、信息推理和信息整合等阅读认知技能的重要方式。图尔敏论证模型对个体分析和论证事物的逻辑关系作了深入探究，为揭示论证推理过程中的要素功能及内在关系提供了合理的解释。在一定程度上，图尔敏论证模型、审辩式思维理论及其他相关分析与推理的理论，无疑能够为小学语文审辩阅读教学的理论结构与实践方式的系统探究提供思维基础。

二、阅读认知图式理论

（一）阅读认知图式理论概述

图式（Schema）是人们大脑中形成的关于外在事物及过去经验的组织结构。对"图式"问题的最早研究可以追溯到德国哲学家康德（Kant）。康德在《纯粹理性批判》一书中，首次对"图式"概念进行了系统阐释。他认为，图式是人脑中先天即存在的一种经验认知方式，人的知识学习与信

---

① 谢小庆、刘慧：《审辩式思维究竟是什么》，载《中国教师报》，2016-03-16（004）。
② 李文玲、舒华：《儿童阅读的世界Ⅲ》，北京，北京师范大学出版社，2016。
③ [美]布鲁克·诺埃尔·摩尔、理查德·帕克：《批判性思维（第10版）》，朱素梅译，北京，机械工业出版社，2014。

息判断均离不开图式的作用。①格式塔心理学流派之后提出的"完形"概念，认为知识经验是以"形"的方式存在于人的头脑，人与环境交互的过程是通过人头脑"完形"作用而实现的。②这里所强调的"形"，实质就是"图式"。格式塔心理学派在康德研究的基础上，通过"完形"进一步揭示了人与环境的内在关系。

英国心理学家巴特莱特（Bartlett）1932年首次将图式的概念引入心理学的记忆研究和知识结构研究中，推动了图式与阅读问题的研究。巴特莱特通过"文本阅读的错误记忆"实验研究，探究了图式与记忆的内在关系。研究结果显示，被试的回忆结果呈简约化、突出化和合理化三个特征。为了更好地解释此研究结果，他便采用图式概念解释个体的记忆发展规律与知识表征。他认为，读者在阅读过程中，会运用头脑中已有图式同化新获取的语言信息。如果文章的故事情节与通常的理解存在冲突，此时读者就会对获取的语言信息进行"规范化"处理，修改某些细节，直至其与大脑中已有图式保持一致。读者对文章的回忆，其本质是对大脑中已存的结构化图式的回忆。③巴特莱特的图式理论对之后记忆的深入研究和知识表征问题的系统化探索起到了重要的推动作用。

20世纪70年代后期，随着计算机科学、控制论、信息论等技术与理念对各研究领域的影响逐渐深入，心理学界更加注重对知识表征的研究，现代图式理论逐渐形成。研究者认为，随着科学知识复杂程度的增加，人们需要用新的"图式观念"重新认识人脑复杂的认知结构，并指出"图式是人头脑中关于普通事件、客体与情景的一般知识结构"。④从本质上看，图

---

① 转引自康立新：《国内图式理论研究综述》，载《河南社会科学》，2011，19（4）：180-182。
② 潘菽：《教育心理学》，北京，人民教育出版社，2001。
③ 冷英、莫雷、贾德梅：《当代西方语篇阅读信息加工理论模型的演进》，载《心理科学》，2004（6）：1483-1485。
④ [瑞士]皮亚杰、英海尔德：《儿童心理学》，吴福元译，北京，商务印书馆，1980。

式是个体头脑中保持的全部知识所表现出的单元、组块或系统的存在，它的本质功能意在引导个体通过搜索更多信息、推断隐含的信息、构建事物的联系以及整合新信息等方式，说明人对外界事物的理解过程。现代图式理论是一种解释知识如何被表征以及知识表征如何以特有的方式促进知识应用的理论。

（二）阅读认知图式理论的应用与启示

图式理论对知识表征的深刻揭示，启发了研究者采用图式理论进一步探究阅读理解问题。20世纪80年代，阅读图式理论的主要代表人物鲁梅哈特（Rumelhart）认为，阅读理解是个体依据输入的文本信息，从记忆中搜索能说明文本信息的图式，当所需要的图式被找到或某些图式被具体化，此时个体便产生了对文本的理解。根据阅读认知图式理论的观点，个体的阅读理解加工层次遵循由低向高的发展规律，随着更高层次的图式被激活，读者也就达到了更高水平的文本理解，从而实现对字词、短语、句子、段落和篇章的理解。图式在阅读中的另一个重要功能是预期，读者可以通过图式的预期作用进行信息推理，寻找文本所隐含的信息，从而实现对整体文本意义的充分理解。

阅读认知图式理论对个体知识学习与阅读理解的内在机制的揭示，不断促进相关研究者运用阅读认知图式理论，积极探究阅读教学实践问题。图式在认知过程中发挥着不可替代的重要作用，它是阅读理解的基础。[①] 在语文学科阅读教学问题研究方面，谭文丽结合阅读认知图式理论，从帮助学生"构建阅读图式""增强阅读理解"和"发展阅读能力"等方面入手，论述了当前语文阅读教学的新走向。[②] 李国忠针对当前小学语文阅读教学对学生"知识经验学习关注不够""阅读理解导向单一""阅读认知结构薄弱"

[①] 王云华：《阅读认知模式的运作及其应用》，载《山东师范大学外国语学院学报（基础英语教育）》，2009，11（5）：3-8。

[②] 谭文丽：《图式理论与阅读教学改革》，载《四川师范大学学报（社会科学版）》，2010，37（6）：67-70。

等问题，积极运用阅读认知图式理论，从"增加背景知识""重视阅读预期""构建认知结构"等方面提出了相应教学策略。[1] 郝玉梅基于阅读认知图式理论，遵循"图式同化规律"、把握"图式顺应特点"和巧用"新旧图式平衡"等方式，阐释了小学语文阅读教学中的复述策略。[2] 以上相关实践研究将阅读认知图式理论与解决语文阅读教学的实际问题相结合，为从不同视角有效解决语文阅读教学问题提供了积极的研究思路。

阅读理解是一种极其复杂、思维活跃的动态心理活动和信息处理过程，是读者与文章之间双向交流的过程，也是读者的知识与文章的信息相互作用的过程，即已有信息图式与新信息之间建立联系的过程。[3] 本书旨在探讨如何有效开展小学审辩阅读教学活动，审辩阅读教学活动既有发展学生阅读能力的目的，也有发展学生思维的目的。从这个意义上说，阅读认知图式理论必然为系统开展审辩阅读教学的理论形式构建与实践方式探究提供认知心理学基础。

三、建构主义学习理论

（一）建构主义学习理论概述

建构主义学习理论是认知学习理论的新发展。一般而言，行为主义学习理论认为，个体学习行为的发生是由特定条件引起的，知识是独立于个体之外的客观事物。学习即将外在的、客观的内容转移到学习者身上。[4] 信息加工学习理论弥补了行为主义学习理论对个体学习内部过程的忽视，强调学习是个体对知识内容和信息意义的主动选择、编码和储存等。尽管认知加工学习理论认识到学习是个体对知识、信息的主动加工过程，但其将知识、信息假定为事先某种形式的存在，学习者只有接受这种假定的知识

---

[1] 李国忠：《图式理论与小学阅读教学研究》，载《语文建设》，2013（6）：4-6。
[2] 郝玉梅：《图式理论视域下统编教材的复述教学》，载《语文建设》，2020（6）：9-12。
[3] 裴光刚：《图式理论与阅读理解》，载《山东师大外国语学院学报》，2002（4）：30-32。
[4] 陈琦、刘儒德：《教育心理学（第2版）》，北京，高等教育出版社，2011。

或信息，才能产生认知加工和从事学习活动。可以看出，信息加工学习理论即使发现了已有知识对新知识获取的作用，但并未说明个体学习过程中对知识的加工是一种新、旧经验双向作用的过程。因此，行为主义学习理论和信息加工学习理论本质上是一致的，都坚持将客观主义的哲学取向作为自身理论构建的基础。

20世纪70年代，建构主义学习理论在认识到行为主义学习理论和信息加工学习理论局限性的基础上，在对知识、意义等核心学习概念的认识上，提出了与客观主义相对立的理论主张。建构主义学习理论的主要代表人物有布鲁纳（Bruner）、皮亚杰（Piaget）、维果茨基（Vygotsky）等。布鲁纳主要强调学生对知识学习的自主建构、自主探究，提倡教师要为学生提供基于情景的合作式学习和基于问题解决的研究性学习；皮亚杰认为学生对知识的学习表现出"同化"和"顺应"两种形式，教学过程中教师需要充分利用这两种知识学习方式有针对性地处理好教学问题；维果茨基强调了在学习中新旧知识之间的联系，提倡教师应帮助学生确立好"最近发展区"。建构主义学习理论认为：意义因个体的存在而存在，并不能独立于个体之外；知识不是简单取决于外界事物，而是源于人的主动建构。在知识的建构过程中，个体是以原有的知识经验为基础而构建自己对外界的理解。因而，建构主义学习理论强调：知识具有动态性，它是对现实世界的一种解释和假设，不是对现实的准确规定；同时知识不是独立于情境的概念符号，知识的生成发生在可感知的情境性的活动中。

（二）建构主义学习理论的应用与启示

建构主义学习理论深刻地揭示了学生在学习过程中的主动性，突显了学生在知识学习与问题解决过程中寻求意义建构以及社会文化在学生学习中的重要作用。建构主义学习理论认为，学生的经验世界既具丰富性，也有差异性，学生对事物的认识会由于原有知识经验的不同而产生不一样的理解。学习是学生进行主动的意义建构和社会互动的过程。具体而言，学习的发生过程是学生的主动建构性、学习共同体的社会互动性和教学的情境性的融合与统一。教师在具体的教学活动中，不是将外部知识经验直接装入学生的头脑，而是基于学生原有知识经验，通过学习共同体的社会互动形式，引导学生积极构建新的知识经验。建构主义学习理论作为"众多理论观点的统称"，已被应用到多门学科教学中。

阅读不仅仅是一个"对话"过程，也不仅仅是对所阅读的文本意义的再建构过程，而是一个在文本意义理解、阐释和再建构过程中构建我们自身经验的过程。[①] 在语文阅读教学方面，牟海珍和刘新平基于建构主义学习理论分析了文本与学生的关系；[②] 刘丽从建构主义学习理论视角，系统探究了中学语文阅读教学中个性化解读、情景化演读、多元化析读和创造性阅读的具体策略；[③] 赵妮娜从建构主义学习理论视角，系统探究了学生如何有效地建构语文知识和发展自主阅读能力的具体策略。[④] 从相关研究我们可以看出，建构主义学习理论能够为探究语文阅读教学提供合理的理论基础，在具体的语文阅读教学中，教师需要承认学生是知识意义的主动建构者，教师需要创建一种真实的学习环境，有意识地帮助学生对阅读文本进行诠释、演绎、评价。建构主义学习理论强调信息整合过程的主动性和策略性，主张阅读过程是一个随着阅读句子的不断进入，结合读者背景知识不断形成文章的情境模型的过程。[⑤] 因此，建构主义学习理论无疑能够为我们揭示小学生审辩阅读学习与发展提供一定理论阐释，进而为有效探究审辩阅读教学的理论构建与实践探索问题提供教育心理学基础。

---

① 王馥芳：《阅读认知模式的迭代更新》，载《社会科学报》，2019-10-03（007）。
② 牟海珍、刘新平：《建构主义视野中的语文阅读教学》，载《当代教育科学》，2003（10）：63。
③ 刘丽：《建构主义学习理论与中学语文阅读教学》[D]，武汉，华中师范大学，2008。
④ 赵妮娜：《新课程理念下建构主义在语文阅读教学中的应用研究》[D]，西安，陕西师范大学，2013。
⑤ 莫雷、王瑞明、冷英：《文本阅读双加工理论与实验证据》，载《心理学报》，2012，44（5）：569-584。

四、儿童哲学教育理论

（一）儿童哲学思维观概述

儿童哲学是 20 世纪 60 年代美国出现的一种新的儿童教育观念，最早由美国哲学家马修·李普曼（Mathew Lipman）创立，提倡通过对日常生活中哲理问题的探讨引导儿童学习推理技能和发展审辩式思维能力。"儿童哲学"这一理念的产生有着特殊社会背景，是西方教育对儿童主体性的认可和对儿童教育问题的探索不断深化的结果。李普曼在大学教学中发现，他所授课的学生普遍存在思维技能匮乏的问题，之后他进行了相关调查研究，认为教学中出现的问题是学生儿童时期缺乏相应的思维训练所致。[①] 因而，李普曼认为，要对儿童开展哲学思维训练，以培养儿童灵活而有效地思考问题和解决问题的能力。李普曼的《聪聪的发现》这一著作的出版，标志着儿童哲学探究的正式开启。儿童哲学教育理念也顺势而生，并不断被人们认同与应用，李普曼因而被称为"儿童哲学之父"。[②]

对儿童哲学理论的探究，不得不提的是美国哲学界的另一位儿童哲学研究的先驱者加雷斯·B·马修斯（Gareth·B·Matthews）。马修斯与儿童哲学之父李普曼几乎是在同一时期论及了儿童哲学思想。李普曼主要强调哲学对儿童思维发展的积极作用，提倡教师在课堂教学中需要运用哲学思维帮助学生学习逻辑知识，训练反思、推断等思维技能；马修斯通过大量的儿童对话故事，系统总结了儿童的语言和思维特征，认为正常的儿童天生就具有了哲学思考的能力，儿童日常生活中的"问题"或"困惑"就是一种哲学行为的表现。例如，有的儿童会问为什么自己的两只眼睛只能观察一个对象等问题，即为一种哲理的表现。成人在日常生活和学校教育中往往忽略了儿童独特的哲学思维方式，压制了儿童天生的好奇心与探索

[①] 方红：《儿童哲学研究的缘起与现状考察》，载《上海教育科研》，2011（3）：19–21。

[②] 李凯、杨秀秀：《为思维而教：李普曼儿童哲学的教学意蕴》，载《外国教育研究》，2019（5）：16–29。

意愿。因而，马修斯强调成人需要平等对待儿童，需要呵护和尊重儿童自身的思维方式，同时指出儿童是历史的、文化的和哲学的，成人需要深入研究儿童。[①] 显然，李普曼和马修斯均强调了儿童具有学习哲学思维的潜质，强调了教师在教学中对儿童的推理、反思等思维技能进行训练及理性思维发展的重要性，为解决儿童思维技能困境和推动儿童哲学研究作出了重要贡献。

（二）儿童哲学思维观的应用与启示

自从儿童哲学作为一种关心儿童成长与发展的理念被正式提出后，儿童哲学的教育理念被世界各国认同与推广，早在十多年前已有三十多个国家用十六种语言开展儿童哲学的理论探索与实践工作。[②]1976年我国台湾地区最早引进儿童哲学理念，直至 20 世纪 80 年代我国大陆才正式出现有关儿童哲学的译介。国内对儿童哲学的研究从经验借鉴转向了本土化的理论构建，从儿童哲学教育的本质、课程、教材、教学方法等内容中，试图构建中国化的儿童哲学理论体系。例如：刘晓东对儿童哲学的内涵和外延进行探讨，以帮助人们能更好地理解儿童哲学的教育本质；[③] 张建鲲和庞学光以康德"知性"能力理论和当代"灵商"心理学观念，论述了我国儿童哲学课程建设及其教学实践的理论基础；[④] 于伟从儿童哲学的核心精神和儿童哲学课程任务视角，阐述儿童哲学课程中教师的具体角色。[⑤] 赖艳梅论述了在小学语文、数学等多学科中渗透儿童哲学的教育目标和教育实践途

[①] [美]加雷斯·B·马修斯：《童年哲学》，刘晓东译，北京，生活·读书·知新三联书店，2015。

[②] 林静：《儿童哲学教育理念及实践方法综述》，载《山东理工大学学报（社会科学版）》，2010，26（2）：94-97。

[③] 刘晓东：《儿童哲学：外延和内涵》，载《浙江师范大学学报（社会科学版）》，2008（3）：48-51。

[④] 张建鲲、庞学光：《论儿童哲学课程在中国的普及》，载《全球教育展望》，2009，38（1）：18-21。

[⑤] 于伟：《儿童哲学课程中的教师角色》，载《中国教师报》，2018-10-10（006）。

径；①在语文学科教学方面，王飞宇分析了小学语文学科中渗透儿童哲学的可行性和具体策略；②张旭亚从教育理念、理论素养和智慧课堂三方面论述了儿童哲学理念在小学语文学科中的具体应用。③对儿童哲学与语文学科教学相关问题的探究，为人们从儿童哲学思维发展的视角探究审辩阅读教学提供了积极的思考。

相关研究表明，儿童哲学是在遵循儿童身心发展规律的基础上，对儿童的认知、儿童的生活、儿童的未来及其与成人的关系的深入探索与反思，它是一种深入探究儿童成长与发展的思维理论。儿童哲学的核心是通过儿童与成人内在关系的和解，充分理解儿童的思考发生与精神世界，以此促进儿童认知能力的有效发展，帮助儿童积极探寻生活的意义与生存的价值。从发生的角度看，人们必须从儿童的活动开始来了解儿童的思维。④阅读是一个类似思考的过程，如果阅读只是读了文字却无思考，那么阅读就没有任何意义。⑤儿童哲学理论的产生为学校的阅读教学提供了新的视角，启发了教师应充分认识到儿童是独特的思维个体的存在，需要跳出成人的概念框架和知识体系去重新认识学生及其阅读。这必然为我们探究小学审辩阅读教学的理论构建与实践方式问题，特别是为帮助小学生积极发展审辩阅读素养提供了教育哲学基础。

---

① 赖海梅：《小学多学科渗透儿童哲学的教育实践》，载《福建基础教育研究》，2019（9）：7-10。
② 王飞宇：《儿童哲学走进小学语文课堂》，载《教学研究》，2013，36（2）：119-122。
③ 张旭亚：《关于语文学科渗透儿童哲学教育的理论思考》，载《福建教育学院学报》，2019（1）：38-41。
④ [苏]列夫·谢苗诺维奇·维果茨基：《语言与思维》，李维译，杭州，浙江教育出版社，1997。
⑤ 杨娅婷：《阅读，即思考》，载《光明日报》，2014-06-10（014）。

审辩阅读教学的结构要素

教学是一种"为人的人为存在",[①] 是教师的教与学生的学不断融合的主体性活动。教师是教授的主体,学生是学习的主体,教师与学生共同构成了教学活动的主体;教学内容以知识聚集和经验融汇的形式构成教学活动的物质载体;教学活动方式是连接教学活动主体与教学内容、支撑教学持续运行和产生教学功效的重要条件。在审辩阅读教学活动中,活动主体指教师与学生,教学内容主要指文本内容,教学活动方式包括教师的教学方式与学生的学习方式,即教师对文本的解读形式和学生对文本的理解形式。具体而言:教师以文本解读的方式解析、呈现、交流文本内容意义,进而指导学生的审辩阅读学习;学生通过文本理解与建构的方式认识、分析与反思文本内容意义,进而参与教师的阅读教学,并向教师反馈阅读学习。其具体要素的内在关系如图 3-1 所示。

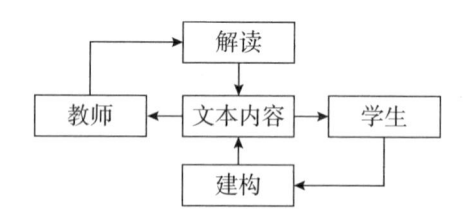

图 3-1 小学审辩阅读教学的构成要素关系图示

一、教师与学生

教师是教学的主体,是引导学生积极参与教学活动和促进学生获得全面发展的能动主体。由于经过一定时期的相关学科教学的专业训练,教师不仅具有坚实的专业知识和必备的教学能力,而且也具有比一般社会个体更为丰富的生活经验和更为深刻的社会感悟。教师是语文教学过程中颇为

---

① 徐继存、车丽娜:《教学理论的意义之维》,载《教育研究》,2017(9):83—91。

活跃的一个要素,在维系教科书编者、学生和文本之间的多边关系中起到最重要的中介性作用。①因而,对于审辩阅读教学活动的组织与实施来说,教师是有效胜任其教学活动的组织者和引导者,是有目的、有计划地指导和激励学生进行审辩阅读学习和发展审辩阅读能力的智慧主体。②当然,教师在教学场域中的主体性是"教师对自身教学行为的自主与自控,而不是对学生学习行为的介入与干扰"。③

学生是学习的主体,是身体、智能、人格等各方面正处于成长和发展中的生命个体。学生在个体生命发展历程中,总是呈现以"不自觉""不系统"或"不成熟"与不断倾向"自觉""系统"或"成熟"的矛盾变化过程。不断学习与领悟人类发展历程中所积累的知识文化和经验智慧,是学生个体由"不自觉"向"自觉"、由"不系统"向"系统"、由"不成熟"向"成熟"发展的最佳途径。审辩阅读教学活动是帮助学生增长阅读技能和改善思维方式,促进学生不断向"自觉""系统"和"成熟"方向发展的重要教学活动。从学生个体生命发展的视角看,学生作为一个发展变化的和具有多种可能性的学习主体存在于审辩阅读教学活动中。

作为审辩阅读教学活动主体的教师和学生,二者之间并非线性"引导"和"被引导"的关系,而是一种此生彼长和教学相长的"共生"关系。教师主导作用的完全实现,其结果也必然是学生主动性的充分发挥。④尽管教师接受过长期和系统的教育教学专业的训练,但教师也需要清楚意识到自己不仅是教学的主体,同时也和学生一样是社会实践活动中现实存在的个体。值得注意的是,教师是社会人和教育者的统一体,教师在教学活动中

---

① 王庭波:《小学语文"视域融合"教学范式研究》[D],长春,东北师范大学,2013。
② Duke, N. K., Pearson, P. D., Strachan, S. L., Billman, A. K. "What Research Has to Say About Reading Instruction (4th ed)", New York, In Samuels, S. J. & Farstrup, A. E. (Eds.), 2011.
③ 任欢欢:《主体间性:师生共同体发展的内在逻辑》,载《中国教育学刊》,2016 (12):10-13。
④ 胡德海:《教育学原理(第三版)》,北京,人民教育出版社,2013。

难免会突显自我在社会生活中的思维立场和个人习性，给教学活动造成一定偏差。

从这个意义来说，教师的身份虽然具有恒定性，但教师真正的职业内涵却是动态发展的，它是在教学中随着学生的需要而不断发展生成的。值得注意的是，学生的学习发展虽然表现出"不自觉""不系统"或"不成熟"状态，但是学生是"有情感的人，是处于发展中的人"，[1]他们是独特的生命个体的存在，有着作为学生层面的思想意识，教师在教学中需要尊重学生的人格、遵循学生思维的发展规律，充分考虑每一个学习主体存在的合理性。作为活动主体的教师与学生之间的彼此成长和相互成全的主体关系，充分体现了小学语文审辩阅读教学所强调的理性思维和辩证思考的基本教学理念。

二、文本内容

任何教学活动都是围绕具体的教学内容展开的，语文课程内容是依据一定教育目的和学习者的发展特征，系统选编的具有丰富育人价值的科学文化知识。语文教学内容凝聚着人类的先进智慧经验，是有效实现教师的教与学生的学共生的物质基础与精神客体。语文教学内容的形式载体表现为"物质"和"精神"两个维度。物质维度主要体现在教材、教学参考书和学习辅导资料等，精神维度是指教师所固有的知识经验、行为方式及在教学活动中师生、生生之间互动交流与对话所涉及的知识内容与经验对象。从教学内容存在的实际意义而言，语文教学内容"提供给学生的是一种开放性的、促进学生与文本对话的平台"。[2]仅有物质维度的教学内容必然是单一的和枯燥的，只有把书本知识和师生实际经验结合，即感性知识与理

---

[1] 迟艳杰：《进步即质量：指向学生成长过程的教育质量观与价值追求》，载《教育研究》，2019（7）：36-43。
[2] 慕君：《阅读教学对话研究》[D]，上海，华东师范大学，2006。

性知识、理论知识与生活经验的结合，才能更好地促进教师的教和学生的学真实、有效地发生。教学文本内容并不局限于课文内容，它是在教学沟通的过程中形成的，是教师与学生共同创造的极其复杂的产物。① 因而，在具体的教学活动中，教师对教学内容的选择，不仅要重视物质维度的教学内容，同时也需要把精神维度的教学内容，即教师与学生在阅读教学活动中可能涉及的经验、事例等有机地融入，以丰富审辩阅读教学活动的内涵和突显审辩阅读教学的趣味性。

尽管语文教学内容的形式载体有物质维度和精神维度之分，但教材内容是教学的主体内容，是教学活动开展的中心环节。对于小学审辩阅读教学来说，文本内容必然是阅读教学活动的核心内容。在审辩阅读教学活动中，一方面，教师需要调动学生已有的学习经验，指导学生学习文本内容，从字词释义进入对整体文本内容的理解，进一步思考文本主题及文本背后更深层次的价值意义；另一方面，教师对学生阅读技能发展的引导，总是由单一的文本类型转向多种文本类型、由简单的文本内容转入复杂的文本内容，借助对不同形式文本的理解与反思，学生逐渐获取深度阅读技能和理性思维能力。综上，教师对审辩阅读教学内容的选择与优化需要以文本内容为重心。

三、解读与建构

教学活动方式是教师引导学生学习教学内容所采用的交互活动途径，它是连接教学活动主体与教学内容的纽带，是促使教师的灵动性教学转向学生的主体学习的关键。教学的实质是教师引导学生通过系列学习环节，将预先设定的教学内容与合乎社会发展的行为规范，逐渐内化为学生自己的认识、思维方式和价值观念；同时激励学生将内化的知识、才能、情趣等不断外显在学习与生活中，从而促进学生不断增长才能、生成智慧，最

---

① 钟启泉：《对话与文本：教学规范的转型》，载《教育研究》，2001（3）：33-39。

终实现个体化与社会化的统一。从教学活动发生的过程看，引导学生对教学内容的不断内化与外化的双向过程，一方面，教师需要选择合适的教学活动方式才能帮助学生将教学内容转化为学生的内在素养，同时将内化的个体素养外显在实践中，为每一位学生提供发展的平台和空间。[①] 另一方面，学生在学习活动中所选取的学习方式与表达形式，其本身也会内化为学生的自我素养。从这个意义上说，教学活动方式必然是教学活动实际成效的重要影响因素。

在小学审辩阅读教学活动中，决定教学活动成效的重要因素是解读文本和理解文本。带领学生入乎其内读懂文本内容，是阅读课堂的重要任务。[②] 具体而言，教师首先需要基于一定原则和方法，对文本内容做出多种可能性的解读，然后与学生一起对话和探讨，以促进学生对文本多层意义的不断领悟与内化，帮助其获取深度阅读技能和养成理性思维的习惯。同时学生在教师的引领下对文本进行个性化建构并以表达的形式反馈给教师和其他的学习主体，从而实现对文本内容及其深层次意蕴的外化。正是这种对文本内容的多元解读和个性化建构的活动方式，促进了学生对文本内容进行积极内化和有效外显，同时也充分展现了教师的教学主体性和学生的学习主体性。

阅读是一个积极的策略加工过程，读者会对文本的事件、主人公的行为和状态进行解释，并且根据当前阅读的内容主动地激活背景知识，将当前的信息与先前的信息进行整合形成文章的情境模型，以获得连贯的心理表征。[③] 从这个意义而言，教师在审辩阅读教学的活动中必然需要以解读的方式作用于文本内容，学生需要以理解的方式反馈文本内容，只有当教师

[①] 王彦明：《教学价值：一种本体论视角》，载《湖南师范大学教育科学学报》，2010，9（1）：43-46。

[②] 杨树亚：《阅读教学：从文本特点出发》，载《中国教师报》，2020-09-16（004）。

[③] 莫雷、王瑞明、冷英：《文本阅读双加工理论与实验证据》，载《心理学报》，2012，44（5）：569-584。

的解读与学生的理解产生共振的时候，师生主体间的文本对话才会被有效激活，审辩阅读教学活动才会产生积极的功效。

审辩阅读教学的结构层次

审辩阅读教学是教师为教学主体和学生为学习主体相互之间通过对文本内容的对话交往和教学互动，促进学生对文本内容及文本蕴含的内在意义进行合理的理解。小学审辩阅读教学的根本目的是帮助学生获得基本的深度阅读技能和养成理性思维的习惯。因而，从学理层面帮助教师厘清教学主体对文本解读与学习主体对文本理解之间的共同着力点，以及明晰审辩阅读教学的基本结构是教师有效实现审辩阅读教学的重要路径。

根据审辩式思维相关理论，个体理性思维的发展是在一般思维活动的基础上进行系统分析与合理论证后产生的，个体的一般思维活动是从粗略感知走向全面理解与创新应用的过程。个体的阅读是从浏览、泛读开始，一步一步深入的过程，即从字义理解（Literal comprehension）向推断理解（Inferential comprehension）和理解监控（Comprehension monitoring）的过程发展。[1]个体只有通过从泛读到精读、从精读到研读的系列阅读过程，才可能进入有效的阅读思考。从这个意义而言，个体审辩阅读能力发展的过程是由"泛读—感知"向"精读—思考"和"研读—反思"的深化。任何教学活动均是"一个多功能、多要素的复杂系统"。[2]鉴于此，本节结合审辩式思维原理和个体阅读认知的发展过程，从感知性阅读、分析性阅读

---

[1] Gagne, E. D., Yekovich, C. W., Yekovich, F. R. "The Cognitive Psychology of School Learning (2nd ed.)", New York, HarperCollins College Publishers, 1993.
[2] 蔡伟:《论教学形式系统》，载《课程·教材·教法》，2005，25（5）：19-25。

和反思性阅读三个层次构建了审辩阅读教学活动的结构层次,具体如图 3-2 所示。

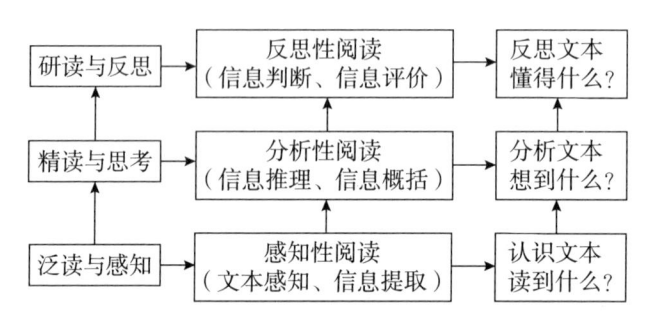

图 3-2 小学审辩阅读教学的结构层次图示

一、感知性阅读

感知性阅读是从整体把握文本的视角,对文本题材、形式、内容等信息进行整体感知,并较为准确地提取文本的关键信息的阅读认知过程。感知性阅读活动位于审辩阅读教学的第一层次,是审辩阅读教学活动的基础层次。感知是个体认识事物的首要环节,尽管个体的感知并不一定准确,但积极的感知活动有助于激发个体不断探究的可能。感知是个体语言学习与语言理解的重要基础。[1]阅读是个体从文本内容中获取信息、感悟意义和深入认识事物的过程。因而,任何个体的阅读活动都离不开对文本的感知,因为个体在初次接触文本后,均会产生"阅读初感"。小学阅读教学的首要任务就是"将学生的阅读初感,提升到所谓'理想阅读',阅读教学的目的,就是帮助学生实现这个转变"。[2]

感知性阅读是一种泛读、浏览或速读的阅读方式,旨在通过引导学生以速读的方式阅读文本,使学生初步认识和了解文本的大体内容,进而帮助学生发展对文本的整体感知能力和对关键信息的提取能力。感知觉信息

---

[1] 尚国文:《语言理解的感知基础》,载《外语学刊》,2011(4):8-14。
[2] 李海林:《语文学科如何"深刻地学习"?》,载《中学语文教学》,2019(1):8-11。

的表达是语言运用的基础。[1] 感知性阅读层次的主要任务是指导学生立足文本整体,准确识别文章的主要信息,关注学生基于速读活动"读到了什么"的基本问题,例如,根据文本的标题、插图、作者等信息大体推测与感知文本的主体内容,并进一步通过文本速读提取文本的关键句、人物、事件等信息,以此促进学生对文本进行整体感知和提升其获取文本关键信息的能力,从而为进一步理解文本内容和把握文本更深层次意义奠定认识基础。

二、分析性阅读

分析性阅读是依据审辩式思维的逻辑推理方法,对文本内容中主要信息、观点之间的内在关系及其蕴含的前提、证据、原因等问题进行合理推理的阅读过程。分析性阅读属于审辩阅读教学的第二层次,是审辩阅读教学活动的主体层次。分析是个体系统地、深入地认识事物和理解事物的重要途径,提升学生的文本分析能力有助于学生更好地理解文本内容。制约学生文本阅读的关键是如何理解文本,阅读过程中的"理解"实际上包含着"解码"和"解释"这两个互为关联的领域。[2] 解码与解释是分析性阅读的基础,同时分析性阅读又是对解码与解释的验证。从这个意义而言,分析性阅读是学生理解文本的关键环节。因为分析性阅读指向的是一种从泛读转向精读的深层次阅读方式,是教师引导学生深入分析文本的重要教学活动,着重关注学生从文本中"想到了什么"的问题。

分析性阅读活动的主要目的是通过引导学生以精读文本的形式,将文本中"原本统一的成分,分化出不同的成分",[3] 以此发展学生对文本的分析与思考的能力。具体来说,分析性阅读活动的主要任务体现在两方面:一是发展学生信息推理的能力,即依据上下文的联系或相关情境的联想,推断没有明确描述的关系,例如,人物关系、因果关系及其他逻辑联系,从

---

[1] 徐盛桓:《语言运用与意识双重结构》,载《外国语文研究》,2015(1):3-11。
[2] 王荣生:《阅读教学教什么》,上海,华东师范大学出版社,2016。
[3] 孙绍振:《孙绍振如是解读作品》,福州,福建教育出版社,2007。

而培养学生有效推断信息的能力；二是培养学生的信息概括能力，即将文本不同的信息整合在一起，例如，把文本基本信息、主要内容、不同的事物特征、不同的观点和看法等，用简要的语言进行概述，从而培养学生的信息概括能力。

三、反思性阅读

反思性阅读是利用比较、事例、实证等论证方法，对文本的主要内容、观点、结论进行深度思考，提出自我看法和形成自我观点，从而对文本作出合理评价的阅读过程。反思性阅读活动是审辩阅读教学的最高层次，是审辩阅读教学活动的创新层次。反思是人类认识和改造世界的一种特殊认知方式，人类的进步和个体的发展都得益于反思的积极作用。反思是在认识和理解的基础上，不断探究主体与世界内在关联的重要路径。[①]在学生的阅读学习中，反思既是从文本中积极吸取外在知识经验、不断建构新的经验意义的过程，同时也是对新的知识经验进行深度审视和合理解构的过程。正是借助反思的不断吸纳、建构和解构的认知方式，个体也就实现了对世界和自我进行内在意义和发展动态的本质认识与规律把握。

反思性阅读是一种精读转向研读的探索性阅读方式，是教师引导学生研读文本的阅读教学活动，关注学生从文本阅读中"懂得了什么"的问题。反思性阅读着重发展学生的信息判断与信息评价的能力。其中：信息判断是指对文本的内容、结构、主题等提出自我观点和自我判断，并提供相应的证据或理由的过程；信息评价是指对文本的内在信息和外在结构作出合理与深刻的评定。小学语文审辩阅读教学强调在分析性阅读活动之上，引导学生敢于对文本内容提出质疑和自我观点，并为对文本信息的质疑提供证据和理由，然后在恰当证据与理由的基础上，对文本进行合理的评价，以此帮助学生发展文本反思能力及理性的思维方式。

---

① 卢春红:《由"反思"到"反思性的判断力"——论康德反思概念的内涵及其意义》，载《哲学研究》，2015（2）：67-76。

审辩阅读教学的生成过程

审辩阅读教学的内在结构是由感知性阅读向分析性阅读和反思性阅读逐渐递进的发展模式，主要涉及对文本的整体感知能力、分析能力和反思能力，结构越往上所涉及的文本认知能力越复杂。审辩阅读教学结构层次为合理分解和细化审辩阅读教学活动任务提供了清晰的理论思路和操作方法。然而，审辩阅读教学的内在结构只是解释审辩阅读教学活动的静态模型，完整的教学模式除了包含教学结构模型，还包括教学内在发生过程。

个体的阅读认知与对文本的理解过程不仅需要拥有一定词汇量和词汇知识，对文本进行字义与词义解码，而且需要相应知识经验和阅读策略，对文本的整体内容与内在主题进行分析、推断、评价和文本意义重构。[1]同时，课堂教学是一个复杂的过程性系统。[2]在阅读教学活动中，学生审辩阅读素养的生成与发展必然是学生阅读认知不断复杂化与深化的过程。鉴于此，本节我们基于儿童认知发展的视角，从认识、质疑、探究和发展四个方面系统阐释审辩阅读教学的生成过程。具体而言，小学语文审辩阅读教学的生成过程是教师通过一定教学活动方式，引导学生通过审辩阅读学习，促进学生对文本的系统认识、合理质疑、深入探究及其自主发展，最终帮助学生获取基本的深度阅读技能和养成必备的理性思维习惯。具体生成过程如图 3-3 所示。

---

[1] Pressley, M. "What Should Comprehension Instruction be the Instruction?", In: Kamil, M. L., Mosenthal, P. B., Pearson, P. D., Barr R.(Eds.) *Handbook of Reading Research Volume Ⅲ*. Mahwah, NJ Lawrence Erlbaum Associates, 2000, 545-561.

[2] 朱德全、李鹏:《课堂教学有效性论纲》, 载《教育研究》, 2015（10）: 90-97.

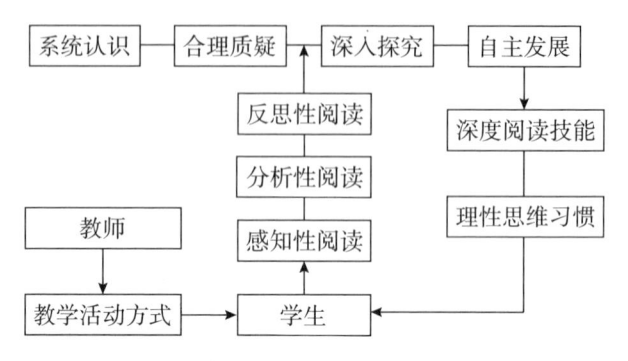

图 3-3　小学审辩阅读教学的生成过程图示

一、系统认识

教学是教师基于发展人的根本教育目的，有计划地引导、规范和激励学生能动学习学科课程所预设的文化知识和智慧经验的过程。学科教学的基础性任务是帮助学生掌握学科基础知识和基本技能。基础知识是构成学科知识的基本结构，指集中概述学科的基本事实、相关概念及其内在原理的表征系统等；基本技能是学科最常见的实践技能，主要表现为学生运用所学知识进行实践操作的能力。注重学生基础知识的学习和基本技能的获取是任何教学活动不可忽略的环节。

理解是意义的把握，思维的能力，不难于探索所未知，而难于究明所已习。[①] 阅读理解是教学生学习阅读和促进学生阅读学习的基础性条件。[②] 小学语文阅读教学的基础性任务是帮助学生从文本中获取规范的或未知的知识、信息和技能，包括语言知识、听说读写语言技能、生活信息和社会实践能力等。[③] 鉴于此，关注学生对文本内容的系统认识是小学语文审辩阅读教学的基础性任务，其通过感知性阅读、分析性阅读认知活动，引导学

---

① [美]约翰·杜威:《思维的本质》，孟宪成、俞庆棠译，北京，台海出版社，2017。
② Reutzel, D. R., Cooter, Jr., R. B. *Teaching Child to Read-Putting the pieces together*, Ohio: Pearson Prentice Hall, 2000.
③ 周正奎:《语文教育改革纵横谈》，北京，教育科学出版社，2013。

生系统认识和深入理解文本的内容、结构和主题等，以帮助学生获取必备的语言知识、未知的文本信息及基本语言技能。在感知性阅读层面，主要采用整体感知和信息提取，引导学生初步了解文本的外在形式和关键内容；在分析性阅读层面，主要采用信息推理和信息概括，引导学生深入理解文本内容和系统掌握教学大纲所规定的语言基础知识及语言应用技能。从这个意义而言，引导学生对文本进行系统认识是小学语文审辩阅读教学活动的基础性环节。

二、合理质疑

在具体教学活动中，当学生获取了一定学科基础知识和基本技能后，教师还需要进一步引导其思考所学知识和技能的背景、前提、依据及其适应范围等更深层次的问题，使学生能够更为深入地理解学科知识和更有效地提升学科素养。问题，来自现象和思维中的矛盾和疑惑。因此，问题，也是"击发"新思想的扳机。[1] 指导学生深入地理解所学知识和技能的最有效办法是支持学生发现问题和提出问题。然而，在教学中让学生自觉和有效地从所学学科知识中发现问题不是一件容易的事情，但却是影响学生知识学习和技能生成的关键方式，因而，指导学生发现问题和提出问题不是单纯地培养学生提问的技能与技巧，要鼓舞学生敢于提出问题和表达自我想法，不断树立学习自信和养成独立思考的习惯。

审辩阅读教学尤为重视引导学生发展文本质疑的能力。在反思性阅读层面，通过问题质疑的阅读认知技能，帮助学生对文本的内容、观点、结论等提出质疑和自我看法。引导学生对文本进行质疑，并不是否定文本的合理性，而是帮助学生能够辩证地、多视角地理解文本和更好地从文本中建构意义，从而逐渐养成理性思考的习惯和掌握深度阅读的基本技能。当

---

[1] [加]董毓：《明辨力从哪里来：批判性思维者的六个习性》，上海，上海教育出版社，2017。

然，需要教师注意的是，学生的"质疑"并不等同于简单意义上的"课堂提问"或"问题咨询"，质疑是"提问"的高级阶段，是建立在学生对作品内容理解基础上的提问。[①]鉴于此，在学生系统认识文本的基础上，教师积极引导学生从文本中发现问题和提出问题，不仅有助于学生更准确地理解文本，还能够促进学生审辩阅读思维的形成及其深度阅读技能的获得。因此，发展学生对文本合理质疑的阅读认知技能是小学语文审辩阅读教学关注的重要问题。

三、深入探究

当学生在教学中对所学知识产生了疑问和思考，教师接下来的任务是指导学生运用教学资源探究问题和尝试解决问题。如果学生提出了问题，教师不及时给予反馈并给出下一步引导，那么学生不仅不能获取实质性的学习进展，而且会挫伤自主学习和发现的信心与积极性。寻找意义是人类的重要动力，但是我们所找到的意义未必就一定是正确的，追求正确性是人类为了改变想法而自觉进行的努力。[②]在教学活动中，注重引导学生进行问题探究，帮助学生发展知识探究能力，不仅有助于学生加深对知识的理解、丰富自我认知结构，同时也有利于学生加强学科知识与实践知识的联系、拓展思维空间和锻炼实践能力。引导学生针对疑惑进行有理有据的探究是"学本课堂"，即以学习者学习为本的重要体现，是积极促进学生"自主性、主动性、生成性、对话性、思维性学习"的重要方式。[③]从这个意义上说，指导学生在质疑的基础上深入探究，是发展学生综合思辨能力的重要方式。

审辩阅读教学活动注重发展学生文本反思的阅读认知技能，其实质是

[①] 田树林、刘强：《审辩式思维：创生激荡心灵的课堂》，北京，光明日报出版社，2019。
[②] [美]霍华德·加德纳：《改变思维》，任恺、吴珍、刘沛译，北京，中国人民大学出版社，2009。
[③] 韩立福：《学本课堂：概念、理念、内涵和特征》，载《教育研究》，2015（10）：105-110。

强调对学生文本探究能力的培养。从某种意义而言，学生阅读理解的过程是学生利用已有经验对文本内容与作者观点形成自我理解与文本预测，然后在进一步的阅读活动中，对所形成的文本理解与信息预测进行验证和调整，进而实现对阅读文本的准确理解和创新建构。[1]在审辩阅读教学活动中，教师指导学生通过文本上下关系的推理或相关资料的收集，思考深层次的原因和寻找可靠的证据，从而有效解决文本疑惑。通过深入的问题探究启发学生寻找文本问题的解决思路，是学生积极回应从文本中发现问题和提出问题的根本途径。为了促进学生深入理解文本内容，教师不仅需要发展学生自主提问和独立思考的能力，更需要引导学生对文本疑惑和自我观点与看法进行深入探究、合理反思和规范验证。因而，关注学生对文本问题的深入探究，是小学语文审辩阅读教学活动的必备环节。

四、自主发展

发展是"人一生中成长、适应和改变的历程"，[2]它是突显个体学习、生活和工作等实践状态的重要标志。发展既包括体能、语言、行为等外显的变化，也包含知识、经验、心智等内隐的变化。个体的发展受客观条件的限制，总是遵循一定顺序性、连续性和阶段性等演变规律，即从不成熟向成熟、从被动向主动、从不稳定向稳定的方向演变；与此同时，个体的发展也具有能动性，即个体能够积极适应周围环境并主动与外界环境互动。个体本身具有的主体性和能动性为其自我发展和社会发展提供前提条件。学生对知识的理解与建构是一个不断演变与深化的过程，学生的学习过程，就像一个"圆"不断被放大的过程。后期学习，都是在前期学习的基础上，兼容前期的已有，不断扩展着已有。[3]在教学活动中，教师不仅需要遵循学

---

[1] Liposon, M. Y., Wixson, K. K. "Assessment and Instruction of Reading Disability: An interactive Approach", New York: HarperCollins Publisher Inc, 1991.
[2] 陈威:《小学生认知与学习》，北京，高等教育出版社，2013。
[3] 贡友林:《重新认识课堂》，北京，教育科学出版社，2019。

生身心发展规律和思维发展特征，合理引导学生系统获取知识经验，促进学生心智、体能的发展。教师也需要关注学生自身发展需求及其发展水平，有效帮助学生实现个体化和自主性发展。

阅读是智慧的生成，是倾听智者心声和感悟智者思想的重要方式。阅读改变着人类的生活方式，所积累的是通过文化符号体现出来的文化思想。[1]学生的阅读发展过程不仅是一种阅读行为的改变，更是一种思想意识的深化。审辩阅读教学活动强调通过系统的文本认识、合理的问题质疑和深入的文本探究等认知环节，以泛读、精读和研读的学习形式，引导学生发展对文本的感知能力、分析能力和反思能力，其根本目的不仅在于引导学生获取良好的文本阅读技能，而且更注重培育学生面向其他学科阅读学习及阅读社会、阅读生活所需要的能力和思维习惯。从这个意义上说，小学语文审辩阅读教学活动的最终环节无疑指向学生的未来阅读学习和阅读生活，其目的是促进学生的自主性阅读和个体化发展。

审辩阅读教学的发生条件

审辩阅读教学的结构层次和生成过程形象地概述了审辩阅读教学的基本形式和内在运行规律，为开展审辩阅读教学实践提供了一定理论参照和指导思路。然而，审辩阅读教学实践需要借助一定条件的作用，才能有效运行及发挥其应有的功效。因此，阐明审辩阅读教学的发生条件是探究审辩阅读教学理论构建的重要环节。从阅读教学的实质来说，阅读教学体现了一种多元的视域，其过程与结果展示了不同视域之间的融合，[2]例如，教

---

[1] 王庆奖：《文本阅读与文化经验》，载《思想战线》，2004，30（4）：84–87。
[2] 李本友：《文本与理解——语文阅读教学的哲学诠释学研究》[D]，重庆，西南大学，2012。

师与文本、教师与学生、教师与教师、学生与文本、学生与学生等多重视域的融合。我们从经验唤起、认知冲突、情感体验和价值认同四个方面阐释审辩阅读教学的发生条件，如图3-4所示。其中：唤起学生已有阅读认知经验是开启审辩阅读教学的基础，激发学生文本阅读的认知冲突是开展审辩阅读教学的核心，强化学生文本阅读的情感体验是帮助加深学生认知体验和支撑审辩阅读教学活动的重要力量，帮助学生寻找文本阅读的合理价值定位是引领审辩阅读教学的重要方向。

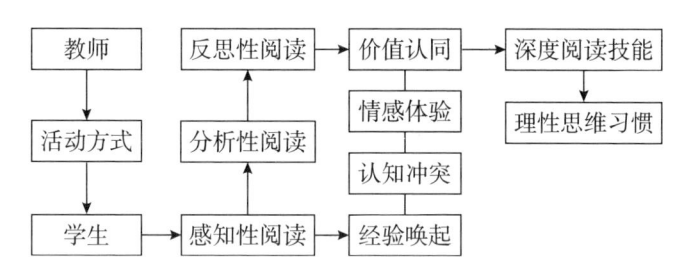

图3-4 小学语文审辩阅读教学的发生条件图示

一、经验唤起

经验是人们在头脑中以观念的形式对客观事物的真实反映，它产生于人的社会实践中，即个体与外界交互作用的过程。经验是个体认识与学习的开端。新的信息学习要依赖于现存的先前已经学会了的知识；[1] 个体经验的生成是在已有经验的基础上，主体与外界环境的互动中不断同化或顺应的结果。[2] 个体经验的形成是一种积极的和主动的自我建构的过程，它需要以原有经验为基础，同时新的经验的形成又是对原有经验的丰富与发展。个体先前已有的经验是经验形成的基础，互动性的环境是个体经验形成的资源，互动性的他人是个体经验生成的动力。[3] 尽管每一个学生都具有学习

---

[1] [美]罗伯特·M·加涅：《学习的条件》，傅统先、陆有铨译，北京，人民教育出版社，1985。
[2] 刘金花：《儿童发展心理学》，上海，华东师范大学出版社，2006。
[3] 陶金玲：《儿童经验的生成机制探析》，载《教育学术学刊》，2016（1）：60-65。

的能动性和相关的先前学习经验，然而学生先前学习经验的形成并不完全是自发出现的，只有处于互动性的环境作用下，学生才能激活自我先前的学习经验，然后才会理解新知识和产生新经验，同时进一步改造、丰富和发展已有的知识经验系统。

在具体的学习过程中，学生学习经验的生成离不开作为互动性的教学主体即教师的参与。教师对互动式教学活动的构建及其在教学活动中强化学习主体之间的互动交往是唤起学生先前经验和促进新旧经验有机融合的重要条件。根据美国"国家阅读小组"（National Reading Panel）对阅读认知的研究观点，个体的阅读认知是"有目的的思考，在思考过程中通过文本和阅读者之间的互动建构意义。意义存在于阅读者的目的、解决问题和思考的过程中，它发生在和文本的互相交换过程中"。[1]

从阅读学习本质看，以发展深度阅读技能和理性思维习惯为核心的审辩阅读学习，其实质是教师引导学生与文本对话和交流的过程。学生与文本对话是建立在学生原有阅读图式的基础上，即以学生原有阅读图式的"前理解"为阅读的起点。[2] 学生只有在教师的互动性引导下，才能激活原有的阅读图式，包括学生已有的语言积累、生活经历和思维方式等。学生先前的语言积累和生活经验是开启阅读活动的重要基础。学生在阅读活动中需要利用已有认知图式即语言的积累和生活的经验检索视觉输入的文字信息，只有当视觉输入的信息被有效检索，学生才能积极赋予文字信息以新的意义，从而才能准确感知文本信息和把握文本内容。因而，在小学语文审辩阅读教学活动中，教师努力创设互动性的教学情境、激活学生先前的阅读认知图式是学生积极参与审辩阅读活动的首要条件。

---

[1] 史大胜：《美国儿童早期阅读教学研究》[D]，长春，东北师范大学，2010。
[2] 谢建丰：《批判性阅读窥视》，载《语文教学通讯》，2006（12）：4-7。

二、认知冲突

认知冲突一般是指个体已有的经验与当前情境存在矛盾或冲突的心理现象。学生的学习即新经验的生成总是以先前认知经验为基础。学生先前的认知经验有着丰富的意蕴,是一种具有整合性和发展性的经验系统。原有认知经验包含多种经验类别,既有与所要学的新知识一致的认知经验,也有仅仅与新知识相关的经验背景,还有与新知识相冲突的认知经验。知识不是"已完成的产品"而是发展的经验。① 按教育常规来说,学生原有认知经验与所要学的新知识一致的和相关的经验越多越好。因为与新知识一致的先前认知经验,可以直接作为学生新知识学习和新经验生成的预备性生长点;与新知识相关的先前经验背景,能够有效地促进学生对新知识的理解和新经验的生成效率;然而,与新知识相冲突的先前经验同样会影响新经验的形成与发展,其可以帮助学生从不同视角去认识事物和思考问题,从而作为新经验形成的固定性生长点。从这个意义上说,学生认知经验的冲突是学生新知识学习和新经验形成的重要构成部分。

从学生认知经验生成的具体过程来说,新知识的学习和新经验的形成集中表现为同化和顺应两种认知形式。同化是指学生利用先前认知结构积极吸取新知识,并对新知识赋予新的含义;顺应是指当学生先前的认知结构不能吸取新知识的时候,则通过改变原有认知结构以积极吸纳新知识或新信息。新经验的生成是学生新旧经验相互作用的结果,首先是通过寻找先前经验和新知识的联系,积极吸取新信息进入原有认知系统中,即通过同化,平衡认知结构;随着新信息的进入,原有认知结构必然会发生改变和作出调整,即通过顺应产生新的认知结构和形成新的认知方式。

学生对新知识学习和新经验获取的实质是已有经验与新知识的同化与顺应的相互过程。认知的冲突是促进学生新旧经验发生顺应的转变的重要

---

① 夏淑玉:《从杜威"经验"理论看深度学习的发生》,载《四川师范大学学报(社会科学版)》,2020,47(3):110-118。

方式。因而，在小学语文审辩阅读教学过程中，为了促进学生阅读思维由基本思维向高阶思维"跃迁"，教师不能仅仅围绕文本的显性信息创设问题情境，而应该挖掘文本的隐性信息创设任务情境。[①]从这个意义上说，教师依据审辩阅读教学的内在结构巧妙设计阅读教学问题，引发学生已有阅读图式和当前阅读教学情境之间的认知冲突，是激发学生系统理解文本和深入分析文本的关键方式。

三、情感体验

学生的学习不仅取决于先前认知经验的唤起以及利用认知冲突加强新旧经验之间逻辑的关联与转变，也离不开学生积极的情感体验，以加深其对新知识学习的认知体验，从而更好地促进学生的已有经验与新知识的相互融合与发展。良好的情感体验是激发学生学习兴趣和维持学生学习活动的重要力量。在具体的学习过程中，一旦学生的先前认知经验被激活，就意味着学生开启了新旧经验的双向作用。学生新旧经验的双向作用是学生获取学习结果、形成新经验及不断完善经验体系的重要方式。[②]学生的学习不仅取决于先前认知经验的唤起以及利用认知冲突加强新旧经验之间逻辑的关联与转变，也离不开学生积极的情感体验，以加深学生对新知识学习的认知体验，从而更好地促进学生已有经验与新知识的相互融合与发展。良好的情感体验是激发学生学习兴趣和维持学生学习活动的重要力量。在具体的学习过程中，一旦学生的先前认知经验被激活，就意味着学生开启了新旧经验的双向作用。在不断同化和顺应的新认知学习中，如果没有积极的情感体验的支撑，学生的学习必然是枯燥的和难以持续的。

学生审辩阅读素养的发展离不开学生已有阅读认知图式和文本潜在意

[①] 何更生、庞秀华：《教学文本解读的学理与策略》，载《天津师范大学学报（基础教育版）》，2020，21（3）：29-33。

[②] 陈实、陈佑清：《完善经验及其经验意蕴》，载《华中师范大学学报（人文社会科学版）》，2014，53（3）：160-165。

义的相互作用，其具体发展过程主要体现在两方面：一方面，学生利用新旧经验的作用对文本进行由浅入深的系统性认知，即从对文本内容的粗略感知向对文本内容的深刻理解转变。另一方面，在学生对文本进行深度阅读的时候，其需要借助教师恰当的引导以及与其他学习主体的互动性交往，才能顺利完成同化和顺应的交替任务，最终从文本中获取新的意义和生成新的经验。因而，在审辩阅读教学中，教师需要积极创设"让学生生疑、质疑、辨疑的条件，营造探究问题的气氛，让学生有思考问题的时间与空间"。[1] 通过阅读教学情境的构建，教师在学生的阅读思考中，既能突显对其阅读方法和思维发展的指导，也能体现对其情感价值和精神成长的激励。因为小学生的审辩阅读学习不是简单的对文本内容的感知活动，而是一个系统的、持续的和反复的认知过程，其需要通过必要的情感体验和积极的认知感悟为可持续的阅读认知活动提供动力辅助。

四、价值认同

当学生的先前认知经验被有效唤起，并通过恰当的情感体验的辅助进入可持续的学习状态后，学生会在同化和顺应的交替作用下产生新的认知经验。新经验的形成并不意味着学生学习活动的结束。学生新经验的形成只是学生新旧经验内化的结果，并非所有被内化的新经验都是合理的存在，其需要经过实践的外化才能检验新认知经验的合理性，并进一步转化为学生的实践应用能力。教学是一种价值实现活动。[2] 学生通过新旧经验的相互作用而建构的新知识体系，并不是全部能够外化于学生的学习活动和生活实践中，只有被学生价值系统认同的新经验才能够运用于实践并进一步转化为学生的思想观念与行为方式。就此而言，价值认同必然是学生认知经验转化的重要条件和学习经验优化的重要体现。

---

[1] 于漪：《语文教师的使命》，载《全球教育展望》，2008，37（4）：21-25。
[2] 王彦明：《教学价值：一种本体论视角》，载《湖南师范大学教育科学学报》，2010，9（1）：43-46。

从阅读的实质而言，阅读是指"通过与文本的对话交流，人们认识世界、认识自我的过程和活动"。[①] 相对审辩阅读学习而言，学生的价值认同体现为学习主体对文本蕴含的人文价值的内在认可，并与其他学习主体之间形成潜在的共识。基于文本阅读对学生的价值引领主要体现为个人价值与社会价值、自然价值的和谐统一。[②] 教育不仅是一种培养人、规范人的智慧活动，同时也是一种成全人、发展人的心灵活动或精神活动。阅读教学作为学校语文学科教育的重要组成部分，其必然担负着对学生个人价值的引导，帮助学生在正确认识自我的基础上，不断地学会自主发展和自我发展；当学生从阅读学习中获取自我发展后，教师还需要进一步指引学生，把自我放置到整个社会发展中，让学生有效成为社会的人，进而帮助学生实现个体价值与集体价值的统一；学生个体价值与社会价值的统一是阅读教学的重要内容，但并不是语文阅读教学价值教育的全部内容，教师在阅读教学中还需要关注学生对自然价值的感知与体认，帮助学生从文本阅读中清楚意识到自然是人们生活与学习的重要基础，人们需要珍爱与保护自然；最终实现个人价值与社会价值、自然价值的和谐统一。

价值观决定人与人之间的互动。[③] 基于个人价值、社会价值与自然价值和谐统一的文本阅读教学的价值指导观念，教师在小学审辩阅读教学的活动中，有必要从自然现象、动物习性、生活趣事等文本出发，引导学生对敬畏自然、尊重生命和热爱生活等问题形成内在认可和潜在共识，以进一步拓展其自我价值认识空间。通过类似价值认同的引导，有利于帮助学生超越对文本内容的简单信息经验的获取，进入对文本主题的深层次意义的反思，并在学习活动和生活实践中进一步验证自我反思的内容，以摆脱

---

① 卢锋：《阅读的价值、危机与出路——新教育实验"营造书香校园"的哲学思考》[D]，苏州，苏州大学，2013。
② 于漪：《课堂教学三个维度的落实与交融》，载《中学语文教学》，2004（1）：10-12。
③ [美]尼尔·布朗、斯图尔特·基利：《学会提问（第11版）》，吴礼敬译，北京，机械工业出版社，2019。

个体的认知局限,接受公共知识与逻辑的检验,[①] 最终形成合理和稳定的自我价值观念。特别是当小学生的全面价值观念还没有明确形成之前,引领学生从个体、社会、自然的视角思考与感悟文本和建构意义,对学生阅读思维的拓展与理性思维的养成有着重要的价值意义。从这个意义而言,学生在审辩阅读学习中,所获取的合理的价值取向、积极的价值思维和正确的价值标准无疑直接影响着学生深度阅读习惯和理性思维习惯的有效养成。

---

① 欧阳林:《批判性思维与中学语文阅读教学》,北京,中国人民大学出版社,2019。

第四章

小学审辩阅读教学的实践方式

审辩阅读教学是一种复杂的信息获取、文本理解和意义建构的阅读认知活动。上一章我们针对审辩阅读教学的基本理论形式，即理论基础、结构要素、结构层次、生成过程和发生条件等的系统构建，较为全面地阐释了审辩阅读教学活动的重要理论基础与生成机理，为小学审辩阅读教学实践提供了根本理论依据。审辩阅读教学实践活动的有效开展，不仅需要合理的教学理论形式的规范，同时也离不开科学的实践方法的指导。鉴于此，本章依据审辩阅读教学的相关理论形式构建，集中对审辩阅读教学的基本操作策略、设计思路、实施过程和评价路径展开系统探究，为一线教师具体开展审辩阅读教学实践提供一定的方法参考。

审辩阅读教学的操作策略

一、操作原则

审辩阅读教学通过引导学生能动地感知文本形式、把握文本知识、理解文本内容和反思文本意义,进而帮助学生积极发展文本感知能力、文本分析能力、文本反思能力等深度阅读技能和自觉的、辩证的、灵动的理性思维素养。为了实现审辩阅读教学活动的根本目的,教师立足于对文本观点和文本说理方式的推敲辨析对提升学生学识和品格的价值意义去设计,阅读活动就会到达新的境界。[①]因而,在小学审辩阅读教学相关操作与设计中,教师需要注重教学情境的开放性和学生思维的启发性、表达的自主性与价值的指导性等教学基本操作原则。

(一)情境的开放性

情境是人必须对其做出行动的各种具体细节的总和。[②]情境不仅指个体所处的物质环境、空间位置和社会条件,还包括个体的知识水平、技能程度及思维状态等内容。每一个体都处在一定的情境中,个体的发展需要以情境为支撑,并在情境中获取体验和加深认知。教学是发展人的人为构建的实践活动,教学的发生离不开情境的条件。因而,教学情境是支撑教学实践的重要基础,创设教学情境是教师学科教学的重要任务。教学情境既存在系统性,又极具动态性。教学情境的系统性主要体现为教学情境构成要素的完整性,即教师的教学情境、学生的学习情境以及教学的物质情境三方面是构成教学情境的完整系统,三者缺一不可;教学情境的动态性是指教学的发生情境具有不确定性。

---

① 殷亚清:《课堂阅读活动层次性展开的路径》,载《教学与管理》,2018(32):42–48。
② [加]马克斯·范梅南:《教学机智——教育智慧的意蕴》,李树英译,北京,教育科学出版社,2014。

从教学情境的根本属性可以看出,教师虽然可以依据学科教学相关知识结构提前设置和预期勾画教学情境,但提前创设的教学情境仍不能是最具有创意的教学情境,最具有创意的教学情境是真实的师生交互的教学情境。课堂气氛宽松、和谐,学生身心解放、无拘无束、无心理负担,就能勇于求知、寻根究底,对文本的阅读与学习就不会浮在表面,而会纵向深入、横向扩展,形成发自内心的独特体验与感受。[①] 在小学审辩阅读教学操作中,教师需要善于观察和总结不同学习主体所处的阅读学习情境的差异,充分理解和尊重学生的阅读学习差异,并在真实的教学情境中,开创具有包容性和开放性的阅读教学情境,帮助学生增强文本感知能力,有效获取丰富的思维材料,从而最大限度地满足不同学生阅读学习的需要。[②]

(二)思维的启发性

教学是教师引导学生系统地学习学科预设的相关知识经验的活动体系,教师在教授知识的同时,发展学生的思维也是开展学科教学活动的重要任务。教学活动中既要教授知识又要启发思维虽然已经得到教师们的公认;但是实际教学操作过程中,教师往往容易为如何平衡教授知识和发展思维的具体任务而困惑。很多教师认为教授知识的时间多了,启发学生思维的时间必然会减少,这样的教学形式虽然有利于学生对知识的吸收,但并不利于学生思维的发展;反之,如果开展学生思维训练的时间多了,势必又会削弱学生学习知识和掌握技能的机会。

在具体的教学实践中,教师如何把握学生知识学习与思维发展的关系是至关重要的。从知识的产生与思维的内在联系看,思维对于知识具有本原作用,[③] 知识的产生是人类社会实践思维的结果,思维是知识产生的必要条件。从这个意义上说,在具体的学科教学活动中,对学生进行知识教育

---

① 于漪:《语文教师的使命》,载《全球教育展望》,2008,37(4):21-25。
② 李吉林:《中国式儿童情境学习范式的建构》,载《教育研究》,2017(3):97-102。
③ 姜继为:《思维教育导论》,北京,中央编译出版社,2012。

与思维引导，二者并不存在对立关系。具体而言，合理的思维引导有助于学生深入地理解知识内容，同时借助对知识的学习激发学生的有效思考，促进学生思维技能的有效获取及思维能力的积极转化。尽管在阅读过程中理解的条件性决定了读者理解的相对性，但同时也应该看到正是因为理解的条件性才赋予了读者正确理解文本意义的可能性，规定了理解内容的客观性、绝对性。[1] 鉴于此，在小学审辩阅读教学设计中，教师需要特别关注文本知识学习和阅读思维发展的内在联系，以文本知识的重点和难点作为思维引导的切入点，创设对学生知识学习和思维发展具有启发性和富有挑战性的教学任务，从而促进学生审辩阅读学习的积极发生和审辩阅读技能的有效获取。

（三）表达的自主性

阅读是个体通过对文字信息的解码，获取文本意义的认知过程。从阅读认知发生的过程看，阅读是一种信息输入和意义获取的过程，是读者与作者之间的一种思想交流，只不过交流的媒介不是声音，而是语言符号。[2] 从这个意义上说，个体阅读的核心任务在于如何更有效地获取文本信息和文本意义。然而，从阅读学习活动的生成机理来说，阅读学习是学生在教师的指导下与文本对话和与教师互动交往的结果。就此而言，阅读既是一种信息输入的过程，同时也是一种信息输出和意义表达的过程。在阅读过程中，个体只有通过反复的分析与推理，其阅读思维才会更加趋于完善，为了防止陷入思维的误区盲区，不妨再尝试着去说服同伴和老师，在对话中修正自己的错误，弥补自身的缺陷。[3] 因而，教师在阅读教学中不仅需要关注学生对文本生词的释义、语句的推理、内容的理解和主题意义的反思

---

[1] 卢锋：《阅读的价值、危机与出路——新教育实验"营造书香校园"的哲学思考》[D]，苏州，苏州大学，2013。
[2] 王云华：《阅读认知模式的运作及其应用》，载《山东师范大学外国语学院学报（基础英语教育）》，2009，11（5）：3-8。
[3] 姜树华：《小小思想家·寓言故事篇》，上海，上海教育出版社，2019。

等阅读认知活动，而且要引导学生将自己从文本阅读中的感受、疑惑、观点进行积极的表达与交流。学生阅读表达的过程既是学生参与教师阅读教学互动不可忽略的构成要素，也是检验学生阅读输入状况的重要指标体系。学生阅读表达的形式可分为口头表达和书面表达，教师在具体的阅读教学活动中，需要对其加以灵活运用，以帮助学生发展阅读表达能力，提升学生阅读表达的自主性。

在小学审辩阅读教学中，教师需要处理好教学过程的预设与生成之间的辩证关系，教学过程要有预设，但要留给学生足够的自由空间，允许学生选择不同的方式方法，产生不同的阅读体验。[①]特别需要注重对学生阅读表达技能的引导，创设有意义的教学活动，将学生的阅读表达与交流的设计环节，有机地贯穿在整个阅读教学活动中，引领学生进入更广大的语境之中，给他们更宽阔的路径来展现他们的思考。[②]通过对学生阅读表达技能的指导，既有助于训练学生系统的阅读思维，帮助学生发展深度阅读技能，同时也有利于教师对学生的阅读学习给予及时的反馈，让学生呈现出积极的阅读学习姿态，从而使学生逐渐实现自主阅读和独立思考。

（四）价值的指导性

价值是描述认识对象或实践对象在何种程度上满足主体需要的一种关系，具体而言，它是指主体对主客体满足自己需要的评价或主客体满足主体需要的功能。[③]人的实践活动离不开价值的支撑与引导。一方面，价值为人的实践活动奠定了认识基础，人的实践活动凝聚着价值成分，个体在实践活动中享受着价值的功能，例如，自然的价值为人的一切活动提供了物质基础；另一方面，价值作为一种向善的规范功能，为人的实践活动提供了方向，引导着个体不断改造和创造价值，包括改造自然价值、创造社会

---

① 王庭波：《小学语文"视域融合"教学范式研究》[D]，长春，东北师范大学，2013。
② [加]阿德丽安·吉尔：《阅读力：文学作品的阅读策略》，朱永新主编，岳坤译，南宁，接力出版社，2017。
③ 郝文武、郭祥超、张旸：《教育哲学概论》，北京，高等教育出版社，2015。

价值和实现个体价值等。从这个意义而言，教学既是一种有着独立认知规律的活动体系，同时也是一种蕴含着个体丰富价值诉求的活动系统。

由于价值的获取具有内隐性和延缓性，并不像获取一般知识和技能那样具有"立竿见影"的特征。因而，在实际教学中，教师最容易看见的是学生知识和技能学习的效果，很难直接观察到学生价值获取的变化。这也是很多教师在教学设计中偏重学生知识、思维等教学内容的设计，而不太关注学生价值问题设计的重要原因。由于审辩阅读教学强调对学生开放性思维和反思性思维的培养，提倡指导学生在部分接受的同时，要知道局限性在哪里，进而追求那个再进一步的完美。[①] 对于小学审辩阅读教学活动的设计来说，教师在鼓舞学生充分表达自我观点的同时，需要强调对学生正确价值方向的引导；并不是说学生的思维越开阔越好，只有当学生沿着符合正确价值的主线开展思辨，才是最有效的开放性思维。

二、操作维度

审辩阅读教学由感知性阅读、分析性阅读和反思性阅读三个阅读层次构成，每个阅读层次包含了不同的阅读认知技能。有效引导学生获取必要的阅读认知技能是积极帮助学生发展审辩阅读能力的关键方式。审辩阅读教学活动要真正促进学生阅读素养的发展，其教学操作过程需要"具有推进展开的层次性，惟其如此，才能对应学生成长发展的渐进性和过程性"。[②] 在具体的教学构思与操作中，教师需要针对各个阅读层次的不同阅读认知技能的具体性质，对审辩阅读教学活动进行合理的构思与设计。

（一）感知性阅读的教学操作

对于任何阅读来说，一篇文章无疑就是一个系统，是一个由字、词、句、段组合成的信息集合体。[③] 感知性阅读的主要目的是引导学生对文本系统作

[①] 赵福楼：《真语文需要兼容理解性和批判性阅读》，载《语文建设》，2013（9）：8–10。
[②] 殷亚清：《课堂阅读活动层次性展开的路径》，载《教学与管理》，2018（32）：42–48。
[③] 荣维东：《整体感知：文本直觉与经验激活》，载《语文建设》，2016（7）：19–22。

出初略感知，进而激发学生的阅读预期和开启学生的阅读探索愿望。小学阶段是学生正式学习阅读和发展阅读能力的重要阶段，在学生独立阅读和自主阅读还没有稳定形成之前，教师需要特别注重对学生阅读兴趣的培养和阅读内生动力的激发。真正的阅读只能从阅读者对语言材料的感性体验开始，[①] 因而，教师在审辩阅读教学设计中，必然需要通过对学生感知性阅读层次相关阅读认知技能的培养，进而激发学生的阅读内生动力，帮助学生建立起以情节及其逻辑为基础的形象链，[②] 为学生进一步理解文本内容和感悟文本内涵奠定基础。感知性阅读层次具体包括文本整体感知和关键信息提取两个阅读认知技能。

首先是发展学生的文本整体感知技能，关于文本整体感知技能培养的方法有多种，但在初读文本之前，主要可以通过指导学生通过阅读文本标题、观察文本插图和阅读文本导言等方式发展学生的文本整体感知能力。以《大青树下的小学》（部编版三年级上册）课文为例，教师可以通过课文标题、课文插图或者标题结合插图的方式，引导学生讲解自己对课文内容的初步理解。例如，教师在呈现课文标题时，可让学生思考课文即将告诉我们一个什么故事。或者先给学生呈现课文的插图，引导学生观察插图的内容，然后让学生想象课文的主要内容。当然也可以引导学生把标题和插图结合起来思考，这样会让学生获得更为具体的整体感知。其中，值得特别注意的是，在指导学生观察插图的时候，一方面，让学生按照一定的空间顺序进行观察，避免"杂乱无序"或"游离不定"的观察；另一方面，在观察插图的时候，要求学生只需静心观察，等观察完后再表达自己所见的信息，然后提出自己想知道的问题。唯有有序的观察和表达，才能更有效地促进学生形成文本整体感知能力。

[①] 李燕：《论主体间视域下的文本解读》，载《中国教育学刊》，2016（9）：66-70。
[②] 黄艳枫、刘家访：《小学语文整体感教学研究》，载《教育理论与实践》，2017，37（26）：52-54。

当学生对文本有了初步感知后，接着是指导学生通过初读文本，发展关键信息提取技能。学生对文本关键信息的有效提取，一方面，能够帮助学生印证对文本整体感知的准确性，强化对文本内容表达意境的更深入和细致的感受；另一方面，有助于学生把握文本的主体结构，为分析性阅读和反思性阅读奠定认识基础。培养学生的关键信息提取技能主要是依据文本类型设置有效问题。如果是叙事性文本，可以引导学生寻找故事发生的时间、地点、人物、起因、结果等；如果是说明性文本，需要指导学生着重把握文本描述的各种内在联系和内部关系，即时间顺序、空间顺序和逻辑顺序等问题；对于非连续性文本来说，需要指导学生抓住图表和文字的主题。以叙述性文本为例，在《将相和》（部编版五年级上册）一文中，教师可以要求学生初读课文后分别找出故事的人物、焦点等信息，让学生从故事的人物、事件的焦点等问题入手获取课文的关键信息和大致内容，从而帮助学生积极发展文本信息提取能力。

（二）分析性阅读的教学操作

分析性阅读是审辩阅读教学活动的主体层次，是教师组织阅读教学和学生参与阅读学习的重要环节。分析性阅读的主要目的在于引导学生发展文本分析能力，以系统理解文本内容。对文本的合理分析是有效理解文本的关键，学生只有能够"有效筛选信息，'站出来'去分析思索深层意义，阅读才发挥了其真正的意义"，[①] 因而，引导学生合理分析是分析性阅读层次教学操作的核心。所谓合理就是要有理据，有理据是判断合理的重要标准。指导学生有理据地分析文本，需要教师采取规范的分析性阅读方法，引导学生发展文本分析能力。分析性阅读层次具体包括信息推理和信息概括两种阅读认知技能。

发展学生的信息推理的阅读认知技能是引导学生通过联系上下语句、联系前后语境、联系生活或借助参考资料等方式，推断出文本中没有明确

---

① 杨娅婷：《阅读，即思考》，载《光明日报》，2014-06-10（014）。

交代的信息，例如人物关系、因果关系以及文本的其他逻辑关系。对文本故事中人物关系、事件的因果关系等内在逻辑的推理与分析，不仅有助于学生深入理解文本内容、结构、主题及其表达意蕴，同时也有利于帮助学生养成独立思考的习惯。例如，在《将相和》课文中，教师可以指导学生以画思维导图的方式，推理课文中秦王、赵王、蔺相如和廉颇的人物关系，通过梳理整个故事的人物关系进一步把握故事的发展脉络；同时也可用课文后的练习提示，即以"完璧归赵""渑池之会"和"负荆请罪"三个事件为主线，引导学生分析和推理每个事件的起因、结果以及三个事件的内在关系。通过类似的对信息推理的阅读认知技能的引导和训练，让学生逐渐学会进行有理据的文本信息的分析和推理，进而增强文本理解能力。

在分析性阅读层次，教师除了引导学生发展信息推理能力，还需要帮助学生发展信息概括能力。一般而言，信息推理是一种发散性思维，信息概括是一种聚合性思维。在具体的阅读学习中，二者以互补和相互交织的关系促进学生充分理解文本。信息概括是审辩阅读教学的重要阅读认知技能，从发展学生文本分析能力的视角看，课堂教学中引导学生进行合理的文本解读，帮助学生发展信息推理和信息概括的阅读认知技能有着一定的教学价值。因而，在分析性阅读活动的相关操作设计中，教师可以采取呈现关键词、关键句或事件主线等信息提示的方式，引导学生对文本内容进行概括和总结，进而发展学生的信息概括能力。以《花钟》（部编版三年级下册）课文为例，在设计学生信息概括的阅读认知技能训练的时候，教师可以以"花的名称"或"花朵绽放的时间点"为信息主线，引导学生概括文本信息，从而系统地理解文本内容，最终帮助学生有效发展文本分析能力。

（三）反思性阅读的教学操作

反思是个体"自我意识的高层次的发展"，是人们"对实践长远发展需要的反映"和"无限的多层次的世界相互联系的反映"。[①] 反思性阅读层次

---

① 陈志良：《思维的建构和反思》，北京，北京师范大学出版社，2017。

是审辩阅读教学活动的最高层次，是教师引导学生发展审辩阅读能力的关键环节。反思性阅读的主要目的是引导学生对既定的文本内容、观点、结论进行深入思考，并提出自我观点和理由，让学生"赋予文本属于自己的意义"，以此帮助学生发展独立分析问题、思考问题和解决问题的能力。当然，教师需要灵活把握的是，引导学生"赋予文本属于自己的意义"，并不是要告知学生思考的具体内容，而是要教他们如何思考。[1]

反思性阅读的主要任务体现在两方面：一方面是教师指导学生采用论证推理与分析的基本方法，反思作者在文本中所传达信息的准确性、所表达观点理由的充足性、所得结论的可靠性等深层次阅读问题；另一方面是鼓励学生针对所反思的文本问题，提出自己的看法，并提供合理的理由。为了帮助学生实现反思性阅读目的，教师需要充分发展学生对文本中相关问题的质疑能力和对文本相关内容、主题等的评价能力。在反思性阅读活动的操作设计中，教师需要注意两点：

首先，教师需要帮助学生发展对文本主体进行问题质疑的阅读认知技能，让学生能够有效发现问题。质疑是思考的开始，学生有疑问，是学习过程中很自然的表现。学生将疑问表达出来，是深入思考、主动学习的表现。[2]尽管通过相关阅读认知技能的学习与训练，学生能够基本理解文本的内容与主题。但是，由于认知水平和认知技能的局限性，学生未必能够对文本提出相关问题。因而，教师需要帮助学生找到文本中与其认知冲突的重要问题，引导学生对相关问题进行判断，并提供判断的理由。

其次，教师需要关注学生的文本评价能力。文本评价能力是阅读认知技能的一种，是在文本理解和文本质疑的基础上，对文本中的重要内容或观点进行有理有据的判断与评估。只要学生的观点和理由符合事实、逻辑

---

[1] [加]阿德丽安·吉尔:《阅读力：文学作品的阅读策略》，朱永新主编，岳坤译，南宁，接力出版社，2017。

[2] 贲友林:《重新认识课堂》，北京，教育科学出版社，2019。

和情理，在正确的价值取向范围内，教师应鼓励学生对文本的问题质疑和评价判断进行多元思考，不应强调统一的标准性答案。例如，在《将相和》课文中，教师可以设置这样的问题激发学生的质疑与判断：你同意作者对蔺相如的评价吗？如同意，你认为蔺相如最值得称赞的品质有哪些？如不同意，你有哪些证据可以支撑你的观点？教师通过类似问题的设计，无疑能够激发学生对文本内容进行深层次思考，从而帮助学生积极获得深层次阅读技能和逐渐养成理性思维习惯。

三、操作方法

由于教师预设的教学目标既切合学生的现实阅读发展状况，又着眼于满足学生未来阅读发展的需要，对审辩阅读教学活动的预设总是基于学生的最近发展区考虑，因而，教师对教学方案的预设总呈现一定前瞻性和可塑性。学生具有能动的主体性，学生与教师预设的教学方案并不直接发生联系，需要教师选择适合学生认知发展的教学方法，才能有效地连接学习主体与教学内容，并积极地促进学生学习与教师教学的互动融合。鉴于小学一至六年级学生年龄跨度大，不同学段学生的认知发展差异显著，以及各学段对学生阅读内容和阅读能力要求的不同，下文结合审辩阅读教学的相关理论与实践研究，分别论述了低年级、中年级和高年级三个学段审辩阅读教学实施的具体方法。当然，每个学段的实施方法只是相对该学段大部分学生而言的，并非是固定不变的，教师在具体教学实施过程中，需要根据学生的实际发展状况进行灵活运用。

（一）低年级审辩阅读教学的操作方法

根据皮亚杰的儿童认知发展理论，小学生的认知发展属于"具体运算"阶段（六七岁至十一二岁）。在"具体运算"阶段，学生的认知结构已经从具体的表象图式转向了运算图式；学生的认知与思维的发展已经脱离了自我中心性,具有了守恒性和可逆性特点。[①] 由于低年级学生正由"前运算"阶段向"具体运算"阶段过渡,所以低年级学生的认知结构与思维水平,还兼具"前运算"需要形象图式支撑的特点,并不完全具有"具体运算"阶段的特征。从学段要求讲,阅读教学要有阶段性要求,从阅读内容到阅读形式,不同学段都应该有所不同且有所侧重。[②] 因而,教师对低年级学生的审辩阅读教学的具体实施,需要充分考虑学生的认知发展特点,灵活地选择适合学生认知与学习的教学方法。依据低年级学生认知特点和教学大纲中的阅读要求,低年级学生主要以故事性较强的童话、寓言、儿童诗等为阅读内容。鉴于此,审辩阅读教学的具体实施,可在遵循一般阅读教学方法的基础上,合理运用猜测法和讨论法,着重培养学生对审辩阅读的兴趣,让学生在阅读活动中体验学习思考的乐趣,从而引导学生学习基本的审辩阅读技能。

1. 猜测法

猜测法是指教师引导学生利用已有的知识经验、生活经验或文本已知信息对文本故事发生的时间、地点、人物、情节、原因等信息进行预测和判断。有效的猜测法可以激发学生的阅读期待和增强学生的阅读思考。从某种程度上说,阅读期待决定了阅读的方向和方式,乃至阅读活动具体展开的历程。[③] 其实,猜测法对小学生来说并不陌生,他们在生活中也常常运用猜测法与同伴做游戏,例如,猜谜语、猜字词等。但是在阅读教学中有效运用猜测法却不是一件容易的事,因为不需要学生动脑筋、发挥想象的浅层次猜测,并不能激发学生的阅读期待。小学生是阅读过程的主动参与者,他们并不是逐字逐句地去理解,而是结合自己的预测,在文章中找出

[①] 吴庆麟:《教育心理学》,上海,华东师范大学出版社,2018。
[②] 杨仕威:《阅读教学的学情与学理阐释》,载《语文知识》,2017(1):62-65。
[③] 杨宏丽、陈旭远:《课标中阅读期待的独特性及其教育意义》,载《课程·教材·教法》,2013,33(11):43-47。

有关信息,来验证自己的预测。[①] 因而,教师最好从学生的实际生活经验出发,引导学生猜测与文本相关的主题内容,并不是所有内容都适合让学生运用猜测而发挥想象和增强阅读预期。例如,在开始学习《升国旗》(部编版一年级上册)这一课文时,为了激发学生的阅读预期,教师可以给学生呈现一面小国旗,然后试着让学生猜想,国旗为什么是红色的?这时学生会调动已有知识经验解释自己的猜想。通过类似的猜想活动,不仅能够激发学生的探索欲望,拓展其想象空间,同时也能够唤起学生已有的知识经验和生活经历,为理解课文奠定基础。

2. 讨论法

讨论法一般是学生基于教师的指导,围绕特定的主题展开思考、探究、交流、评价等的活动方式。课堂讨论是教学中师生主体间交流对话常用的方法。教师引导学生进行主题讨论可训练学生的逻辑思维和理性思维品质,对指导学生有理有据地表达与分析问题、培养"谨慎和谦虚的态度"以及"文明讨论的习惯"有着重要的作用。[②]

对于低年级的学生来说,有两方面需要教师注意:一是给定学生的讨论题目不能过于抽象;二是在学生讨论过程中,教师需要给予恰当的帮助和引导。例如,在学习完《四季》(部编版一年级上册)这一课文之后,为了巩固教学内容、让学生对所学内容有清晰与完整的理解,教师可以将课文中有关春夏秋冬的四幅图打乱顺序,让学生同桌之间进行讨论,然后按照课文内容排列正确顺序。在复习巩固该课内容时,教师还可以通过网络或其他方式收集与课文春夏秋冬相关的图片,让学生结合每幅图片的内容展开讨论后,再给每幅图添加上正确的季节名称。类似紧贴课文内容和学生认知的讨论活动的开展,既有利于帮助学生运用轻松活泼的方式,有效把握文本内容和理解文本主题,也有助于促进学习主体之间的相互交流与

[①] 李国忠:《图式理论与小学阅读教学研究》,载《语文建设》,2013(6):4-6。
[②] 欧阳林:《批判性思维与中学语文阅读教学》,北京,中国人民大学出版社,2019。

合作，帮助学生发挥想象力、扩展思维空间和养成言之有物的表达方式。

（二）中年级审辩阅读教学的操作方法

对于中年级学生来说，首先，在认知发展方面，学生的认知已经完成了从"前运算阶段"向"具体运算阶段"的过渡，进入了"具体运算阶段"。此时，学生已经具备了明显的"具体运算"认知特征，认知与思维已发生了明显的可逆性和守恒性变化。其次，在阅读方法方面，学生从初步的字词认读、词句释读和浅显的篇章阅读，逐渐转向了完整形式的篇章阅读。通过低年级阅读中猜测法和讨论法的学习与训练，学生掌握了基本故事性文本的阅读方法，奠定了进行完整篇章阅读的基础。基于学生已有的认知经验和阅读基础，以及教学大纲中对中年级学生阅读内容的安排和阅读发展的具体规定，我们认为，在有效兼顾低年级的猜测法、讨论法等教学方法的基础上，可以从批注法、复述法和辩论法等入手，实施审辩阅读教学活动，提升中年级学生的审辩阅读素养。

1. 批注法

批注法是指在学生阅读过程中，教师指导学生采用符号等简洁的方式，对重要的、关键的或自己不理解的文本信息进行标记。学生通过有效批注法进行阅读标注，不仅有助于厘清文本框架和提取文本重要信息，同时还有利于增强学生的阅读注意力及其阅读思维能力，[①]因而，标注法在课堂教学中经常被使用。实际教学中，有些教师往往认为标注法很简单，只需要学生自己动笔进行标记即可，然而事实并非如此。学生批注过程中，教师需要给予学生正确的方法引导，让学生边阅读边思考，并尽量把自己的想法、感受也批注在文本的空白处，以便学生能够及时查对。[②]例如，在《父亲、树林和鸟》（部编版三年级上册）的教学过程中，教师为了让学生对文

---

① [美]艾比·马克斯·比尔：《如何阅读：一个已被证实的低投入高回报的学习方法》，刘白玉、韩小宁、孙明玉译，北京，中国青年出版社，2017。
② 曹雪宁：《低中年级阅读教学实践》，汕头，汕头大学出版社，2017。

中父亲和儿子的对话关系有清晰的把握，于是要求学生一边阅读，一边用不同的符号标注出父亲和儿子各自说的话。在这里采用标注法让学生对比理解不同人物的对话是恰当的。但是当学生的阅读和标注活动结束后，在检查学生标注情况时，如果发现学生把整篇课文的句子都画上了不同的符号，这样的整篇课文标注显然是无效的，反而使学生越标注越混乱。在这篇课文教学中，如果教师在要求学生使用标注法之前，给予学生一定讲解与示范，并缩短学生标记的内容，由原标注父子之间对话的句子缩短到标注描述父子二人对话的动作词语，这样进行标注，学生显然会更清晰地把握课文的主体结构。因而，教师在中年级审辩阅读教学过程中，可以有针对性地使用标注法，训练学生的信息提取技能，从而帮助学生增强其文本感知能力。

2. 复述法

复述法指在学生完成某一学习任务时，教师采用关键词或关键句提示的方式，指导学生对所学内容进行简要复述，以此帮助学生巩固所学内容和检查学生的具体学习情况。复述法对发展学生的理解、推理、概括等认知能力有着重要的促进作用，[1]因为学生在复述学习内容的时候需要从点到线、线到面、面到体等的推理和整合，在对文本内容进行点、线、面和体，即对文本的字、词、句、段、篇等内容的信息推理与整合过程中，学生的推理能力和概括能力自然会得以有效提升。然而，在审辩阅读教学的具体实施过程中，教师如何帮助学生有效复述阅读文本是发展学生信息概括阅读认知技能的关键。具体来说，教师需要根据学生实际情况，恰当地给予学生一定信息提示，可按照课文的人物关系、因果关系、时间关系、空间关系等方式，引导学生有顺序地复述文本内容，以便在巩固学生的学习成效的同时，有效训练学生的信息推理和信息概括的能力。当然，在学生的复述结束后，教师需要给予学生积极的"理答"，即"理会学生的回答，具

---

[1] 周庆元:《语文教学设计论》，南宁，广西教育出版社，1996。

体表现为倾听、梳理、纠正、提升,以帮助学生抵达'最近发展区'"。[1]例如,在复习《花钟》(部编版三年级下册)这一课文时,教师引导学生按照时间顺序对课文内容进行复述,进而有效发展学生的信息推理能力和拓展学生的阅读认知空间。

3. 辩论法

辩论法是指教师根据教学内容的需要,引导学生围绕设置的相关文本主题,展开对立式的问题讨论和观点辩护。辩论在我们生活中普遍存在,因为人是一种交往的存在,在交往的过程中,人们就会依据自我感受、体验、经验进行需求表达和观点分享,当人们的生活需求和观点表达不能形成一致性时,人们就会开始对立式观点辩护,辩论也就由此展开。尽管人们对辩论并不陌生,但是学习如何有效地辩论却并非一件容易之事。纵观人们的日常辩论,基本是无依据的自我辩解,根本不考虑对方的观点是否存在合理性。正是由于辩论现象的普遍性,人们需要辩论是人之常情,并且每个人每天都在进行各式各样的"辩论"。在学校实际教学中,教师往往忽略对学生合理辩论的关注与引导。

鉴于此,在中年级阶段审辩阅读教学活动的实施过程中,教师可以通过引导学生考查双方论题、明确自我辩论理由、推理对方辩论思路和完善自我辩论观点等方式,引导学生一步一步地实现自我观点辩护。例如,在学习《陶罐和铁罐》《美丽的鹿角》《池子与河流》(部编版三年级下册)等具有哲理性的文本内容时,教师可从事物的长处与短处的辩证关系以及如何正视和转化这种辩证关系的视角,设置相关辩论主题和引导学生开展合理辩论。辩论结束后,辩论的结果可以通过学生一起讨论与投票的方式决定,同时教师也可以从"构建辩题假设""发现新辩题假设"和"完善已有

---

[1] 施丽聪:《优化课堂提问,促进深度阅读——基于阅读测试的数据》,载《语文建设》,2018(36):27-30。

辩题假设"等方面，指导学生进行辩论活动的总结与反思。① 通过类似的"有观点、有证据、有论证、有案例、有总结"的主题辩论，不仅有助于帮助学生拓宽知识面，加深对课文内容的理解与对主题的反思，同时也有助于提升学生的思维能力，尤其是理性思维能力。②

（三）高年级审辩阅读教学的操作方法

小学高年级学段的学生虽然还处于"具体运算"的最后阶段，但经过低年级和中年级两个学段的学习与发展，学生的认知和思维已得到迅速提升。该学段学生的认知逐渐在向逻辑思维发展，学生基本能够对生活中的具体情境进行逻辑性的归类和操作。与此同时，小学高年级学生的自我意识也在不断增强，学生也开始运用自我内化的行为标准去反思、评价周围的人和物，他们也不再完全按照既定的知识方式评价自我和看待他人，而是喜欢秉持怀疑和批判的态度，从多元的角度提出不同的看法，其思维的独立性和开放性增强。③ 鉴于高年级学生的认知与思维的发展特征，结合小学高年级学段阅读内容中说明文和非连续体文本的出现，我们认为，教师可以在有效采用小学中、低年级审辩阅读教学活动相关实施方法的基础上，灵活运用对比法、书评法和演讲法等推进审辩阅读教学活动和促进学生有效发展信息判断和文本评价技能。

1. 对比法

对比法是指教师引导学生通过就单篇文本内容或相似文本内容的具体细节，如人物、故事情节、文本结构和主题意义等信息进行比较分析，进而增强学生发现问题、判断问题和评价问题的能力。文本信息的"对比"与"整合"有助于改善学生阅读中思维停留于点对点的，孤立、静止的低

---

① [美]斯蒂芬·D·布鲁克菲尔德：《批判性思维教与学：帮助学生质疑假设的方法与工具》，钮跃增译，北京，中国人民大学出版社，2017。
② 谭彩、杨志明：《整本书阅读后的辩论训练及其形成性评价》，载《教育测量与评价》，2020（5）：35-41。
③ 李晓艳：《小学生整本书批判性阅读教学案例》，武汉，华中科技大学出版社，2019。

阶线性状态；① 教师在阅读教学中有效使用对比法，可以积极促进学生阅读视野、阅读方法、阅读思维以及语言的发展。② 对比法可以分为文本内对比和文本间对比。文本内对比是就单篇文本里的相关信息进行比较分析。例如，为帮助学生更为清晰地理解《草船借箭》（部编版五年级下册）课文里不同人物的性格特征，教师可以用表格或思维导图的形式，将不同人物的性格列举在一起进行对比分析，进而帮助学生在清晰地理解不同人物个性特点的基础上，拓展思维空间和认知视角，形成灵动而辩证的思维方式。文本间对比是将相同文本体裁或相近文本内容放在一起，对比文本之间的具体信息特征，以便增强学生对不同文本内容的体认，促进学生依据文本间对比形成不同的观点和看法，并对自我观点与看法进行合理判断和有效评价，最终有效发展学生的信息判断和文本评价技能。

2. 书评法

书评法是指学生阅读完文本后，教师引导学生就文本中的观点和看法作合理判断和准确评价。书评法和我们常见的读后感既有联系，也有区别。厘清二者关系，有助于教师指导学生更好地运用书评法发展审辩阅读技能。读后感和书评法都是学生在阅读完文本后，对文本内容所作的思维反应。尽管读后感和书评法均以阅读后的文本为对象，但二者所关注的文本内容和所涉及的思维程度不一样。一般而言，读后感更加倾向对文本的整体感知或感悟，着重阐述读者阅读完文本后的个人感想，带有极强的主观意义。而书评法既可以关注文本的整体内容，也可以仅以文本的某一具体内容作出思考与评价；书评法更趋向于读者对文本提出明确的观点，并通过相关证据支撑自我观点。从这个意义而言，书评法比读后感所涉及的思维水平更高，读后感是一种抒发个人感想和看法的阅读鉴赏形式；而书评法是一

---

① 何立新、王雁玲:《阅读素养的教学逻辑与变革策略》，载《中国教育学刊》，2017（4）：71-76。
② 谢建萍、陈群:《对比阅读教学之"三破三贵"》，载《上海教育科研》，2015（1）：94-96。

种发现文本问题、判断文本信息和有理有据地提出自我观点的阅读评价方式。《义务教育语文课程标准（2011年版）》明确指出：阅读教学是学生、教师、教材编者、文本（作者）之间的多重对话，是思维碰撞和心灵交流的动态过程。鉴于此，教师在审辩阅读教学活动的实施过程中，可依据读后感和书评法的内在联系，合理指导学生有效运用书评法，对自己所阅读的文本作出全面评价，进而增强学生反思性阅读的能力。

3. 演讲法

演讲法是学生比较熟悉的一种语言表达方式，是学生围绕某一主题进行语言表达和观点论述。演讲的目的在于摆事实讲道理，在于使听众信服。[①] 演讲不仅可以给人带来新的知识、信息和经验，而且能给人带来良好的情感体验和充足的精神愉悦，除此，演讲还有更深层次的意义，即使人理性思考。学生在学校教育活动中，会经常运用演讲法进行经验分享和信息传递，然而，要将演讲法运用于教学，却不能等同于一般形式上的演讲交流。因为一般意义上的演讲，只注重语言的华丽，带有极强的表演气息，仅倾向于经验的交流与观点的分享，听众往往只注重演讲者的外部形象及其语言内容所带来的愉悦体验与精神享受，很少有人去思考和评价演讲者所表达内容的真实性和公正性。

在审辩阅读教学活动的具体实施过程中，教师如果能有效引导学生进行主题演讲，不仅能够锻炼学生的语言表达能力，还能加深学生对文本知识的系统性认识并训练其理性思维能力。就此而言，演讲法无疑是一种能够有效促进学生审辩阅读能力发展的重要教学方法。演讲法的重点在于教师如何指导学生展开演讲。首先，教师需要帮助学生确立明确的演讲主题，主题内容要具体，需要与所学文本内容相关并贴近学生生活实际。其次，学生在准备演讲内容时，教师需要指导学生明确自己的演讲立场、观点和看法，演讲所表达的观点，均需要有可靠的证据和理由的支撑。再次，在

---

① 纪康丽：《演讲教学的窘境》，载《中华读书报》，2011-02-02（03）。

学生演讲过程中，教师需要鼓舞学生尽量做到言辞得体、声情并茂。最后，在演讲结束后，教师可以要求听众针对所听演讲提出自我观点和展开讨论。

审辩阅读教学的设计思路

教学设计是教师对教学活动的预设，是一种促进学生学习的规范性教学流程的构建方式，其本质是师生主体间为了学生的发展，以指导学习为目的而进行的系统计划过程和活动。[1] 教学设计是通过预设教学活动而促进学生学习活动的有效发生，是开启教师与学生交流与对话和有效实现教学目的的基本载体。从这个意义上说，教师教学活动的有效实施和学生学习活动的真实发生以及教师与学生的主体性互动，在很大程度上取决于教学设计的合理性。关于如何有效进行教学设计，具有代表性的是美国教育心理学家加涅的相关教学理论观点，加涅认为，教学设计是教学展开的系统性活动过程，他从教学目的、活动分析、教学起点、学生特征、作业目标、测试内容、教学策略、教学辅助、教学过程评价与教学总结性评价九个方面构建了教学设计的具体内容。[2] 教学目标、内容和方式是课堂阅读教学活动开展的基础或前提，是影响教师教导与学生学习行为选择的客观制约因素，因而成为衡量语文阅读教学行为实施是否利于深度知识、思维、关系生成的条件变量。[3] 结合审辩阅读教学的结构层次，我们主要从教学目标、教学内容和教学过程三个模块探究审辩阅读教学设计的基本思路。

---

[1] 刘鹂、陈晓端:《对教学设计本质及其特点的再认识》，载《电化教育研究》，2011（4）：101–105。
[2] [美]R·M·加涅、L·J·布里格斯、W·W·韦杰:《教学设计原理》，皮连生、庞维国等译，上海，华东师范大学出版社，1999。
[3] 余玲艳、代建军:《语文深度阅读的分析模型》，载《教育科学研究》，2017（5）：49–53。

一、教学目标设计

  教学目标是关于教学活动实施和教学任务细化的重要价值指标，是维持教学活动的动力支撑和检验教学任务目标达成的重要标准。教学活动设计的首要任务是确立明确的、合理的教学目标。一般认为，教学目标是由一系列有递阶关系的教学预期要求组成的系统，[1] 包括知识与技能、过程与方法和情感态度与价值观，即三维教学目标。三维教学目标之间的相互联系和有机统一，为学科教学目标的确立提供了基本原则。由于学科教学性质和学生学习特点的不同，教学活动目标设计的侧重点不尽相同。审辩阅读教学是以反思性阅读为核心的阅读教学活动，其根本教学目的是培养学生的深层次阅读技能和理性思维品质。对目标的陈述要清晰得足以运用于指导对学习经验的选择和对教学的设计，[2] 因而，审辩阅读教学的目标设计应围绕深层次阅读技能和理性思维品质两个方面进行细化，然后对应放入三维教学目标结构中，从而形成有机的教学目标体系。

  首先，相对于审辩阅读教学活动而言，深度阅读技能主要集中在分析性阅读和反思性阅读两个层次，具体表现为信息推理技能、信息概括技能、问题质疑技能和文本评价技能。当然，审辩阅读教学活动还包括感知性阅读层次。感知性阅读层次是审辩阅读教学的重要构成部分，感知性阅读层次中的文本整体感知和关键信息提取技能同样需要教师在教学设计时给予重视。由于审辩阅读教学的根本目的侧重于发展学生的深度阅读技能和理性思维素养，所以审辩阅读教学的目标设计应侧重于对学生的文本分析能力和反思能力的培养。

  其次，理性思维品质是在发展学生深度阅读技能的同时，学生在阅读认知活动中所表现出的人格特质和思维特征，主要表现为思维的主动性、

---

[1] 张学斌、朱琼瑶:《教学设计原理》，大连，辽宁师范大学出版社，1998。
[2] [美]拉尔夫·泰勒:《课程与教学的基本原理》，罗康、张阅译，北京，中国轻工业出版社，2008。

独立性、条理性、灵活性、深刻性和广阔性。[1] 由于小学生的认知结构和思维水平的现实性，对其理性思维素养的培养着重于思维习惯的养成和基本思维品质的塑造。因而，审辩阅读教学中理性思维素养的目标设定只需注重基本思维品质的培养，不必全面展开。通过对审辩阅读教学目标的细化，教师可以结合文本的具体类型和内容，将审辩阅读教学目标有机融入学科教学目标，从而有效突显审辩阅读的教学特性和教学任务。

二、教学内容设计

教学内容是教学活动的重要构成因素，是教学组织实施的重要物质载体和精神空间。对于语文教学来说，其教学内容是指"教什么"，包括课文的内容与形式，以及借助课文学习所获得的语文知识与技能等。[2] 教学内容设计是阅读教学设计的重要环节，教师对阅读教学内容的合理选择和有效组织直接影响着教师的教学质量和学生的学习成效。从教学内容的形成过程看，教学内容的设计主要体现在两个方面：一是编者通过对知识经验和科学文化的选定而形成学科教材；二是教师对教材内容的组织和优化。编者对教材内容的设计具有稳定性和统摄性特点，是教师教学设计的基础；而教师对教学内容的设计则具有灵活性和可变性，因为在实际教学中，教师需要根据学生的实际发展水平和学习需求对教学内容作出调整和补充。

语文的教学内容除了系统的基础知识，还包括学以致用的生活世界。文本作为语文阅读教学的中介承载的内容不仅包含语文知识，而且承载着思想内容和人文内涵。[3] 在审辩阅读教学的内容设计中，教师既需要思考编者所选择的教材内容与学生生活经验的内在联系，同时更需要充分考虑学

---

[1] 夏青：《知识观视域下的批判性思维与学校教育变革》[D]，长沙，湖南师范大学，2018。
[2] 张心科：《阅读教学重建：精要的内容与适宜的形式》，载《语文建设》，2019（21）：21-25。
[3] 付煜：《"问题连续体"理论及其在阅读教学中的应用研究》，载《教育评论》，2018（2）：125-129。

生当前的认知水平及其思维特征。具体而言，审辩阅读教学的内容设计可以从以下三个方面入手：

首先，厘清文本内容的结构和主题。任何一个完整的文本都有由一定内在逻辑结构支撑的内容载体，即可直接感知的文字、符号、语句、段落篇章等内容信息，并且每个文本背后都蕴含着自己独特的主题思想。内容、结构和主题是构成文本意义的基本要素，三者缺一不可；教师在教学内容设计中，必然需要对文本的结构和主题有清晰的把握，才能对文本内容作合理的取舍与完善。

其次，充分了解学生当前的思维特征及其阅读学习状态。审辩阅读教学是一种合理的思辨性阅读形式，教学的最终目的是发展学生的理性思维素养。学生的实际思维状态及其阅读学习需求是教师设定教学内容的基础，教师只有切合学生的实际发展状态和现实学习需要选定教学内容，才能更好地促进学生的理性思维和深度阅读技能的发展。

最后，寻找教学内容的认知焦点。教师准确把握了学生的实际发展状态和现实学习需要后，接下来需要让现实中的学生与相对客观的教学内容的结构和主题发生联系，只有学生与文本内容发生了内在联系，教学活动才算真正的开始，学生的思维和认知才会得到相应的发展。教师无疑是促进学生与文本内容发生联系的活动主体，唯有在学生的最近发展区范围内选择文本内容中最具认知冲突的主题与学生进行对话，才能有效推进学生与文本内容的内在联系，进而有效激发学生的内生阅读需求和促进学生的阅读思维与阅读认知技能的充分发展。

三、教学过程设计

教学过程是教师与学生以对话交流和问题探究的方式，落实教学内容和完成教学目标的系统化流程。从教学活动的思维主体看，无论是教师主体还是学生主体，思辨都不是与实践对立的，而是主体深思的一种人性追求与生活方式，主体的思辨状态和追求是其实践理性的升华。[1]针对审辩阅读教学的过程设计，教师需要充分考虑和解决教学活动发生的顺序、完成教学活动所需的辅助条件和检查教学活动完成的实效性即教学评价三个关键问题。

首先，教学活动不是教师随意安排的教学流程，而是按一定顺序展开的系统化过程。教学活动发生的顺序可分为"学习相关顺序""社会相关顺序""概念相关顺序"和"层级相关顺序"四种类型。[2]学习相关顺序是指根据学生的学习兴趣和教学内容的难易程度，先给学生呈现其感兴趣的和容易理解的教学内容，然后给学生讲解相对不容易理解的教学内容；社会相关顺序是指按照文本内容的时间发展顺序或空间位置顺序，引导学生理解教学内容；概念相关顺序是指教师按照文本知识结构的逻辑关系，指导学生教学内容，例如，归纳的逻辑方式或演绎的逻辑方式；层级相关顺序是指由于学生对知识点的理解或思维方式，是从基础层次逐级向更高水平的发展，教师即需要逐级引导学生理解教学内容，而不是一蹴而就地讲解教学的核心内容。

其次，在具体的教学过程中，教师只有借助必要的辅助方式，才可能将预先设定的教学内容转化为学生的学习内容，并进一步促进学生对学习内容的有效吸收、积极内化和不断外化。教师在教学过程中最直接运用的辅助方式即为教学策略、教学方法和其他教学媒体形式等。在审辩阅读教学活动中，教师特别需要关注学习情境的创设，积极的学习情境下有助于增强学生的认知体验、开启学生的合作探究与互助交往精神。审辩阅读活动的教学方法有多种，例如提问法、讨论法、辩论法等。教师进行教学过程设计时，需要依据教学内容的具体性质选择恰当的教学策略和教学方法。

最后，教学过程设计的最终环节是设定合理的教学评价，以考查学生

---

[1] 张玉新:《整合：思辨性阅读的有效策略》，载《中学语文教学》，2017（8）：9-12。
[2] 盛群力、马兰:《现代教学原理、策略与设计》，杭州，浙江教育出版社，2006。

对教学内容的理解程度和学习效果。常见的教学评价形式有：教师根据教学内容的重难点和教学目标的具体要求，设定教学随堂练习、课后作业练习和单元测试等。综上，对审辩阅读教学过程的设计，需要同时考虑多种教学顺序，灵活选择多样化的教学策略和教学方法，并合理预设必要的教学评价，以便有效激发学生对文本的系统理解与深入思考，从而帮助其获取必备的深度阅读技能和理性思维素养。

四、教学设计举隅

课堂教学从教学设计开始。教学设计是学校教育的一项系统工作，是教学实施的总体构想和实施方案，是实施教学的依据。教学过程包括教与学的互动过程，教学设计必然包括教和学的设计。由于小学审辩阅读教学的核心在于引导学生发展深度阅读技能与理性思维品质，阅读教学的深浅程度是与教学过程相关的诸多要素交互作用的结果。[①] 因而，在具体的审辩阅读教学设计中，教师需要充分考虑学习主体、教学主体和教学媒介（如教材、教学设施设备、教室环境等）三者之间的关系。教师需要积极建构教学主体、学习主体与学习内容之间交互作用的关系，进而在教学过程中帮助学生充分发挥深度阅读学习的主动性和理性思考的积极性。

具体而言，首先，教师需要对学习主体做好学情分析，明确学习主体的学习目标和任务以及教学即将达成的目标。其次，教师需要对学习内容进行分析，如对教材版本、课型（包括精读、略读、体裁等）、课文主要内容、表达方法等进行分析，从而明确教学目标、教学重点、教学难点、教学方法等。最后，教师需要对教学过程中具体的教学环节进行预设，包括教学准备、教学时数的划分、教学过程与环节的设计、教学效果的评价等。为了详细说明审辩阅读教学的设计思路，本节以《父亲、树林和鸟》（部编版三年级上册）一文进行相关教学设计举隅。

---

① 余玲艳、代建军:《语文深度阅读的分析模型》，载《教育科学研究》，2017（5）：49-53。

（一）学习内容分析

本课总教学目标是引导学生准确、流畅和有感情地朗读课文，理解文中生动描述树林和鸟的语言，积累文后生字词和自己喜欢的词语；同时通过学习与总结父亲对鸟习性的了解，体会父亲对鸟的热爱和对大自然的美好感情，并初步理解人与大自然和谐相处的基本意蕴。小学三年级学生对该课文的主题——树林和鸟是很熟悉的，根据学生的语文基础，学生通过自学文中生字词后，可以较流利地阅读课文。但由于学生生活经验和思维水平的有限性，学生对课文中部分抽象词语的理解可能会存在困难，例如，幽深、草木气、鸟味。另外本课文是对话的形式，段落多，较难总结与划分课文的各部分主体内容，从而影响学生对课文具体内容与课文内在意蕴进行深入的理解与准确的把握。

课文以"我"和父亲对话的方式，以树林为依托，表达了父亲不仅了解鸟的习性，同时爱鸟的生动故事。故事通过详细描述父亲与鸟的关系，向我们展现了人与自然的和谐关系及人应该保护和热爱自然的重要意蕴。课文的关键点是引导学生体会人与大自然和谐相处的美好感情。学生需要能够有感情地朗读课文；理解描述人物、事物的抽象关键词，如"鸟味"等；能够理解与划分课文各主体内容，理解父亲是从哪些方面"知鸟"和"爱鸟"的；最后能有效完成课文后第2题中有关课文内容的判断，并能简单说清楚判断依据和理由。

因此，基于课文内容、学生学情、学习目标的分析，为了能有效引导学生实现学习目标，在教学中计划安排三课时：第一课时在帮助学生理解与运用生字词的基础上，通过文本感知、信息提取、信息推理等审辩阅读认知技能，引导学生通过课文阅读，初步感知文章整体结构和基本把握文章大意。第二课时以"父亲对鸟习性熟悉的具体表现"为主线，通过信息提取、信息推理、信息概括等审辩阅读认知技能，引导学生深入体会父亲知鸟、爱鸟之情。第三课时在学生能够体会父亲对鸟和大自然的热爱的基础上，利用信息判断和信息评价等审辩阅读认知技能，设计"父亲曾经是否是猎人"的主题辩论以及学生护鸟标语制作与展示等环节，以此培养学生的审辩阅读素养，并进一步引导学生理解人与自然和谐相处的内在意蕴。

（二）教学设计内容

第一课时	教学内容	笔记
教学目标	1. 学习生字词，能够读准字音，理解字词义，并能够规范书写生字。 2. 正确、流利、有感情地朗读课文，体会关键词句表情达意的作用。 3. 引导学生寻找关键词及关键句，对课文进行整体感知；引导学生梳理课文内容，划分与总结段落大意，掌握文章整体结构和主要内容。	
教学重难点	1. 本课时教学重点是学习与运用生字词。 2. 本课时教学难点是理解与掌握文章的整体结构和主要内容。	
设计思路	为了能引导学生有效达到对课文的阅读整体感知和掌握文章整体结构与课文大意等学习目标，同时为了有效发展学生的审辩阅读素养，本课时将运用文本感知、信息提取和信息概括等审辩阅读认知技能进行如下教学设计：首先，让学生初读课文后，寻找能够概括文章的关键句，以训练学生的整体阅读感知能力和培养学生的信息提取能力；其次，引导学生按照父亲知鸟的顺序，通过画思维导图，概括文章结构大意，以培养学生的信息概括能力。	
教学过程	**1. 新课导入（文本感知）** 　　师：同学们，上节课我们学习了《大自然的声音》，也许你们也和老师一样感受到了我们大自然的奇妙与美好。大自然有奇妙的声音，有奇妙的生命，还有我们人类奇妙的朋友。同学们能够说出我们大自然中有哪些奇妙的朋友吗？今天让我们继续走进大自然，一起认识我们人类奇妙的朋友，学习《父亲、树林和鸟》。 　　课文背景导引：介绍作者信息。牛汉（1923年10月2日—2013年9月29日），原名史成汉，山西	

续表

第一课时	教学内容	笔记
教学过程	人，当代著名诗人、作家和文学家；主要代表作品：《彩色生活》《海上蝴蝶》《滹沱河和我》等；本文选自其散文集《童年牧歌》。 2. 初读课文，学习生字词（信息提取） （1）学生自由朗读课文，勾画出生字新词，标出自然段，看看能读懂什么，并让学生快速找出能概括课文主要内容的关键句。 　　师：同学们，读完课文后，你能从文中找出一个句子来概括课文的主要内容吗？ 　　生：父亲一生最喜欢树林和歌唱的鸟。（抓关键句） （2）生字词展示；多音字、近义词、反义词展示；词语理解。 　　师：大家看，课文里有好多生字词，你们认识它们吗？（重点指导学生学习以下生字词） 　　生字：黎、喃、腾、喙、翎、瞬 　　生词：云雾、雾蒙蒙、舒畅、翅膀、茫然、生怕、热腾腾、凝神静气 　　师：现在请同学们在课文中画出以上词语，并朗读含有以上词语的句子。 3. 感知课文整体结构与课文大意 （1）教师带着关键词分析课文。（信息提取） 　　师：同学们从第二自然段内容能找出父亲和鸟这个故事的哪些信息？ 　　生：（时间、地点、人物……） （2）重点词句的分析。（信息推理） 　　第三段：幽深、雾蒙蒙；描述动作的语句：上上下下地望了又望，用鼻子闻了又闻。 　　第六段：凝神静气、兀立。 （3）概括总结：父亲知鸟。（信息概括） 　　学生再次阅读课文，以"父亲懂鸟的习性具体表现在哪些方面？"这一问题为主线，引导学生运用思维导图，按课文的段落顺序从文中寻找答案和依据，并进行归纳与总结，如图 4-1 所示。	

续表

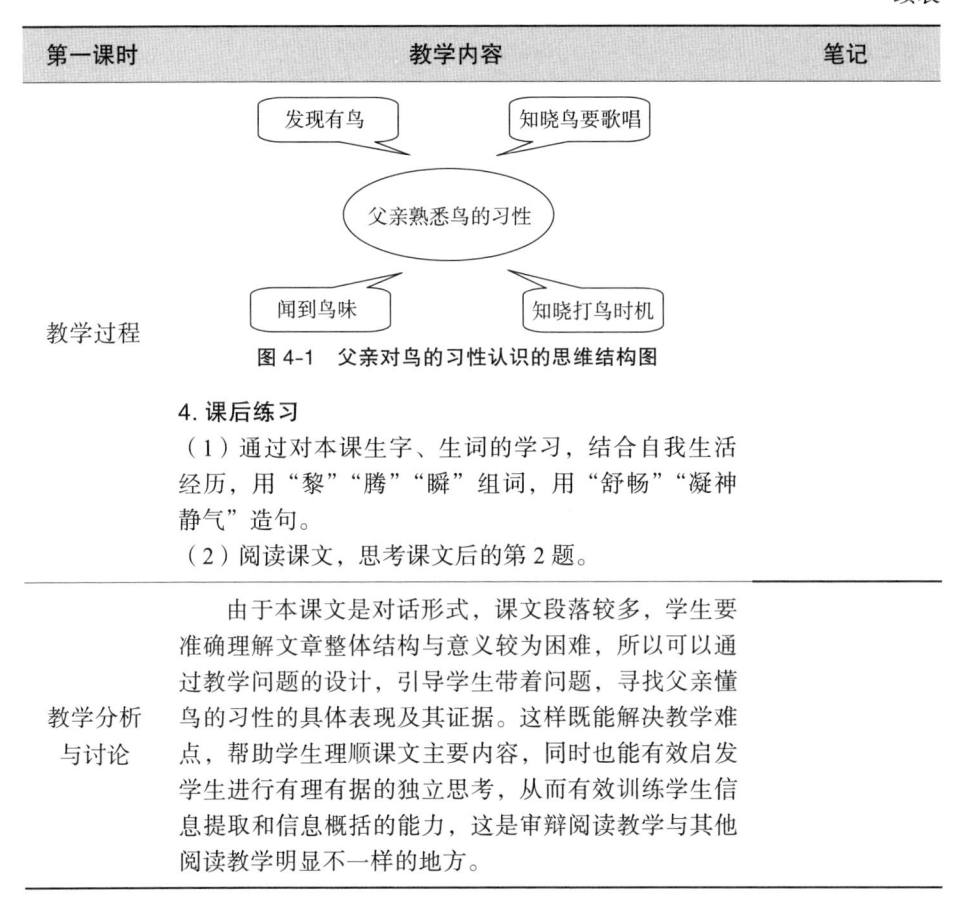

第一课时	教学内容	笔记
教学过程	发现有鸟　　知晓鸟要歌唱 父亲熟悉鸟的习性 闻到鸟味　　知晓打鸟时机 图 4-1　父亲对鸟的习性认识的思维结构图 4. 课后练习 （1）通过对本课生字、生词的学习，结合自我生活经历，用"黎""腾""瞬"组词，用"舒畅""凝神静气"造句。 （2）阅读课文，思考课文后的第 2 题。	
教学分析与讨论	由于本课文是对话形式，课文段落较多，学生要准确理解文章整体结构与意义较为困难，所以可以通过教学问题的设计，引导学生带着问题，寻找父亲懂鸟的习性的具体表现及其证据。这样既能解决教学难点，帮助学生理顺课文主要内容，同时也能有效启发学生进行有理有据的独立思考，从而有效训练学生信息提取和信息概括的能力，这是审辩阅读教学与其他阅读教学明显不一样的地方。	

第二课时	教学内容	笔记
教学目标	1. 通过朗读体会课文语句表达的丰富性。 2. 结合课文内容，理解父亲知鸟、爱鸟的具体表现，并能言之有理地辨析课文习题 2 中对父亲的各种判断。 3. 引导学生体会父亲的知鸟、爱鸟之情，理解父亲热爱大自然的理由。	
教学重难点	1. 本课时教学重点是引导学生根据课文内容，有理有据地辨析课文后练习题 2 中对父亲的各种判断，并说明判断理由。 2. 本课时教学难点是体会父亲热爱大自然的感情。	

续表

第二课时	教学内容	笔记
设计思路	为了引导学生体会父亲的知鸟、爱鸟之情和理解人与自然的和谐关系以及发展学生的深度阅读技能与理性思维品质，本课时以"父亲懂鸟"为主线，运用信息推理、信息概括和信息评价等审辩阅读认知技能，结合师生朗读、学生发言和小组讨论等形式，厘清父亲与树林、鸟的内在关系，引导学生体会父亲对鸟的熟悉和对大自然的热爱，同时发展学生审辩阅读素养。	
教学过程	**1. 复习导入（信息提取）** 师：今天，我们继续学习第 22 课——父亲、树林和鸟。通过上节课的学习，你能用文中的一句话概括出父亲、树林和鸟的关系吗？（复习回顾课文内容，引出全文中心句，奠定情感基调） 生：父亲一生最喜欢树林和歌唱的鸟。 师：从你们的回答中老师听出了是：父亲一生最喜欢树林和歌唱的鸟。谁能有感情地朗读这句话？ 生：…… 师：通过上节课的学习，我们对课文中父亲的形象有了较为准确的整体感知。现在，让我们一起对父亲作个全面判断，在文中找找能证明父亲对鸟的习性十分了解的理由，让我们这棵思维大树变得枝繁叶茂吧。（如图 4-2 所示）	

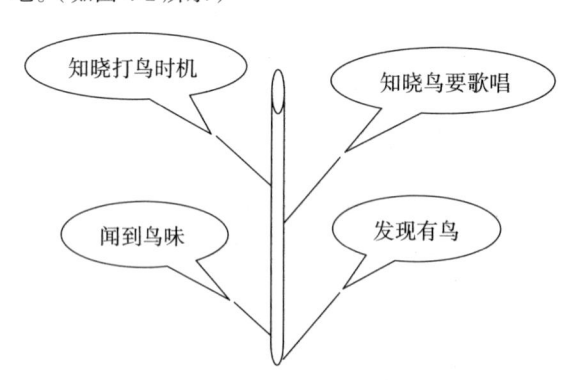

图 4-2 父亲对鸟的习性认识的思维树状图

续表

第二课时	教学内容	笔记
教学过程	2. 对课文的深入分析 　　以"课文中哪些语句体现了父亲对鸟的习性十分了解？"这一问题为主线，贯穿全文，让学生在自主学习和合作探究中学会分析推理和整合诠释。先找出每部分的关键句，再对关键句进行分析、推理和论证，最后对全文进行整合诠释。从而使学生对课文进行有效的整体感知。 （1）发现有鸟。（信息推理） 　　师：请同学们快速地默读课文，一边默读，一边把课文中体现"父亲对鸟的习性十分了解"的语句标注出来。按课文故事发展的先后顺序找，你们首先找到的是父亲发现有鸟这一部分吗？ 　　生：是的，"父亲突然站定，朝幽深的雾蒙蒙的树林，上上下下地望了又望，用鼻子闻了又闻"。这句话表现出了父亲发现有鸟的过程。 　　师：回答得很好，现在请同学们闭上眼睛，听老师读句子。大家想象父亲发现有鸟的具体画面，并说出父亲发现有鸟的动作的关键词。 　　生："站定""望了又望""闻了又闻"。 （2）引导学生再次朗读父亲发现有鸟这句话，理解"幽深的雾蒙蒙的树林"语句含义，并感悟和体会父亲观察时的仔细、认真的神态。 　　师：谁愿意读读这句话？ 　　生：…… 　　师：是啊，在这样一片幽深的雾蒙蒙的什么都看不见的树林里，父亲竟然发现有鸟。 　　师：而此时的"我"呢？ 　　生：望着凝神静气的父亲。 　　师：什么是"凝神静气"？这个词语反映出了父亲什么样的品质？ 　　生1：说明了父亲看得十分（专注、认真、仔细）。 　　生2：表现了父亲的注意力全部集中在这片树林里，他仿佛已经和树林融为一体了。	

第二课时	教学内容	笔记
教学过程	生3：…… 师：孩子们，"发现有鸟"这是你们找到的对父亲十分了解鸟的习性这一判断的第一个理由。请工工整整地写在你的思维树叶上吧！（发现有鸟） （3）闻到鸟味。（信息推理、信息概括） 师生合作朗读此部分，理解父亲竟然能闻到鸟味。 师：这是大家找到的第二个理由，"父亲闻到鸟味"，快写下来吧。（闻到鸟味） 因为"鸟味"比较抽象，学生不容易理解。用思维导图，如图4-3所示，引导学生理解"鸟味"产生的过程，从而让学生进一步理解父亲闻到"鸟味"的过程。 鸟味 → 成群过夜的鸟 　　　→ 焐热的羽毛 　　　→ 抖动羽毛 　　　→ 舒畅地呼吸 图4-3 "鸟味"形成过程的思维结构图 （4）鸟要歌唱。（信息判断） 师：父亲对鸟的习性十分了解，还在课文中的什么地方有所体现？ 生：还体现在父亲知道鸟什么时候要准备歌唱。 师：你听！树林中的鸟儿真的开始歌唱了！（配乐朗读） 引导学生思考如下问题，体会父亲对鸟的喜爱和了解，从而理解人与自然的亲密关系，升华主题，我们也要保护鸟儿。 为什么父亲说这是树林和鸟最快活的时刻？ 为什么"我"说父亲此时也最快活？ （5）打鸟时机。（信息推理） 通过师生的互读与前文的分析推理，引导学生理解"鸟儿最快活的时刻最容易被猎人打中"的辩证道理。	

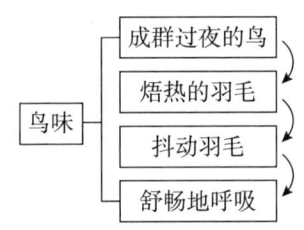

续表

第二课时	教学内容	笔记
教学过程	师：父亲不仅知道此时的鸟儿最快活，他还知道鸟儿最快活的时刻最容易被猎人打中。现在请同学们和我一起分角色朗读。 （6）运用"五指法"，引导学生整合信息。（信息概括） 　　采用"五指法"对文本信息进行整合，将语言训练与思维训练有机结合，引导学生根据"思维大树"提示，理解"父亲对鸟的习性十分了解"这一判断，并较为准确地诠释其判断的理由和依据。 师：同学们，请伸出你们的五个手指，让我们把目光返回到这棵思维大树上…… **3. 故事的分析和讨论** 师：请同学们认真看这里，现在我们的思维大树要发生变化了！（如图4-4所示）老师将这个理由（父亲善于观察）贴在这里，你同意吗？为什么？ 生：…… 师：将（父亲热爱大自然）贴在这里呢？为什么？ 生：…… 图4-4　父亲知鸟、爱鸟的整体思维树状图	

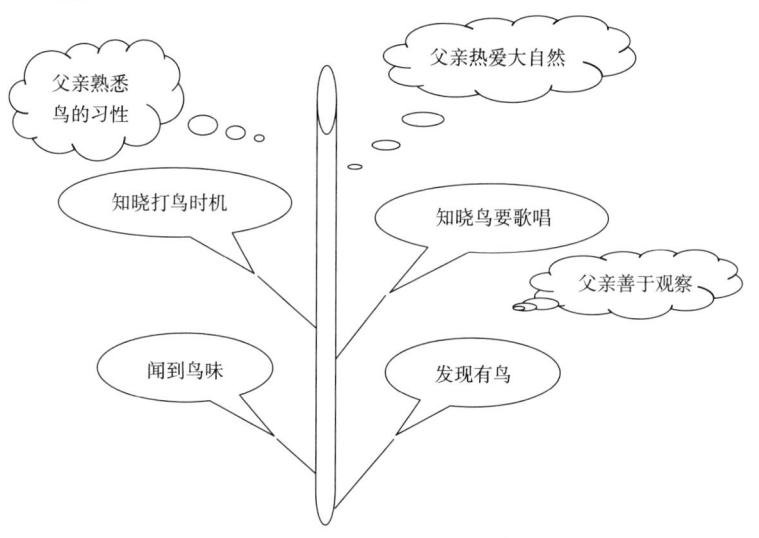

续表

第二课时	教学内容	笔记
教学过程	通过有效运用反思评价策略，依托"移动思维树叶"活动，引导学生在整合课文信息的基础上，进一步发挥想象，合理推断和深入思考，从而寻找知识的内在联系，使新旧知识有效发生迁移。通过反思评价策略的训练，学生对课文深入理解之后，就能够发现文中的父亲十分善于观察。他是通过仔细观察才对鸟的习性十分了解；父亲善于观察鸟，是因为他喜欢树林和鸟。正因为父亲喜欢树林和鸟，而且没有伤害鸟，树林和鸟是大自然的一部分，所以父亲不仅热爱树林和鸟，同时也十分热爱大自然。 4.作业布置 （1）请同学们思考：文章的结尾为什么说"我真高兴，父亲不是猎人"呢？完成课文后第2题。根据表4-1中内容提示，查找相关资料（标注清楚资料的来源），运用"探究"研究技能，从正、反方两个不同的角度，与家人共同讨论，思考下节课辩论主题：父亲曾经是否是猎人。 表4-1 父亲曾经是否是猎人辩论提示 | 正 方 | 反 方 | |---|---| | 论点：父亲曾经是猎人 | 论点：父亲曾经不是猎人 | | 论据：…… | 论据：…… | | 反方可能的论据：…… | 正方可能的论据：…… | | 反驳反方的论据：…… | 反驳正方的论据：…… | （2）根据日常生活中保护大自然的有关标语，自己设计保护鸟的标语。	
教学分析与讨论	本课时的重要环节是引导学生对父亲善于观察鸟、熟悉鸟的习性和热爱大自然三个内容及其关系进行信息推理和信息概括，学生通过思维导图方式，轻松地理解了课文中抽象词语"鸟味"的意蕴；同时通	

续表

第二课时	教学内容	笔记
教学分析与讨论	过"五指法"的训练，基本完成了父亲知鸟、爱鸟内容的整合诠释；最后通过"移动思维树叶"活动，不仅强化了学生的反思能力，同时也加深了对"父亲热爱大自然"这一句子的逻辑推理和准确理解。通过教学活动发现，学生对审辩阅读教学方式不是很熟悉。只要教师能够用循序渐进的思维教学方式加以引导，学生是可以积极加入讨论和投入思考，并进一步不自觉地训练和提升理性思维的。因此，教师对课文内容的准确把握与教学任务的巧妙设计，对引导学生发展审辩阅读素养具有重要作用。	

第三课时	教学内容	笔记
教学目标	1. 开展"父亲曾经是否是猎人"的主题辩论，培养学生的推断能力，进一步训练与发展其审辩思维能力。 2. 展示保护鸟的标语，引导学生理解人与大自然和谐相处的意义，训练学生审辩阅读后的创意应用能力。	
教学重难点	1. 本课时教学重点是引导学生有理有据地进行主题辩论。 2. 本课时教学难点是理解人与大自然和谐相处的意义。	
设计思路	辩论是启发学生辩证思考和发展理性思维的重要方式，因此，本课时从引导学生运用信息判断和信息评价审辩阅读认知技能入手，通过辩论指导，以"父亲曾经是否是猎人"为主题开展辩论活动，进一步训练与发展学生的理性思维品质。同时，作品制作是学生创意应用和创新思考的重要体现。引导学生亲自去查阅资料，收集有关保护鸟的标语，并通过自我制作与展示，以期使学生充分理解人与自然和谐相处的内在意义，从而热爱大自然和保护大自然，同时也促进学生创意应用能力的发展。	

续表

第三课时	教学内容	笔记
教学过程	1. 复习导入（信息提取） 师：同学们，我们通过前两次课对《父亲、树林和鸟》的学习与思考，同学们也许体会到了大自然的动物和我们人类一样可爱，有奇妙的生命气象，它们是人类的朋友，我们应该与它们友好相处，要尽我们的最大努力保护它们。为了进一步理解课文中父亲知鸟、爱鸟的深刻情感以及热爱大自然的宽广情怀，我们这节课主要开展"父亲曾经是否是猎人"主题辩论和展示同学们设计的护鸟标语。 2. 主题辩论（信息判断、信息评价） （1）辩论题目：父亲曾经是否是猎人。 （2）正方、反方辩论队分组。统计正、反方人数，将正、反辩论队分别安排三人，未加入辩论队的持正、反方观点的同学，可在辩论队需要援助的时候给予补充。 （3）辩论场景。 正方1：父亲曾经是猎人。因为父亲走在树林里，能直接感知树上是否有鸟，还能闻到鸟的味道。这说明父亲曾经是名猎人，对"鸟"有过深入研究。 反方1：父亲曾经不是猎人。我反对正方观点，对"鸟"有深入研究的人并不一定是猎人，例如生物学家。 正方2：生物学家只是知道鸟的生活习性，并不知道猎人打鸟的最佳时机。文中父亲还知道，早上鸟的羽毛被淋湿时最容易被猎人打中，这说明父亲曾经打过鸟，因为经验来源于实践。 反方2：请正方同学看课文的第一句话，"父亲一生最喜欢树林和歌唱的鸟。"这句话的"一生"点明了父亲曾经不是猎人。 正方3：…… 反方3：…… （4）辩论评析。 师：通过同学们激烈的辩论，我们能够看出，不	

续表

第三课时	教学内容	笔记
教学过程	论是正方，还是反方，都能够坚持自己的观点，在理解和质疑对方观点的基础上，不断寻找新的证据支持自己的观点。这一方面说明同学们课前准备得很充分，另一方面体现了同学们思维活跃、善于学习如何独立思考。父亲曾经是否是猎人，也许并没有标准的答案。其实，有没有标准答案并不重要，重要的是老师从你们的辩论过程和审辩阅读学习过程中，看见了思想的种子正在你们心里成长。 3. 作品展示（信息推理、信息评价） 　　师：上次课让同学们收集资料，自己设计有个性的护鸟标语，现在让我们一起分享下你们护鸟的想法。 （1）小组讨论。引导学生分享各自的设计，一起讨论，听取小组意见，选择最佳方案。然后每个小组选出一个具有代表性的作品进行展示，并加以解说。 （2）护鸟标语作品展示。让小组展示自我设计的护鸟标语，并引导学生说明其设计的缘由。 　　生1："爱鸟，护鸟，让我们的生活更加美好！"这样的标语简单易懂，读着朗朗上口。 　　生2："同在蓝天下，人鸟共家园！"这种格式工整、意义深刻的标语，既点明了鸟的重要性，还说明了鸟和人类的关系，这样的标语更能够引起人们的注意，从而让人们爱鸟和护鸟。 　　生3：将标识牌做成鸟的形状，上面的文字为："鸟是人类的朋友。"这种形象的标识牌能直接加深人们对爱鸟、护鸟的印象，再加上标识牌上的文字，能进一步启发人们对鸟的珍爱。 　　生4：…… （3）讨论总结。 　　师：通过同学们的讨论与作品展示，老师既看见了你们个人独特的思想，也看见了集体的智慧。老师相信你们通过这次作品设计和我们本课审辩阅读的学习，你们一定会像课文中的父亲和儿子一样，成为知鸟、爱鸟和护鸟的践行者！	

续表

第三课时	教学内容	笔记
教学过程	4.作业布置 　　完成课文后第3题，有感情地朗读课文，预习下一篇课文。	
教学分析与讨论	如何引导学生进行有效辩论，既是审辩阅读教学的重点，也是审辩阅读教学的难点。教师需要意识到，辩论是启发学生学会辩证思考和秉持理性思维的重要方式。教师要指导学生全面、深入地思考辩论主题，既要有自己独立的想法，也要考虑对方不同的观点和看法，从而有理有据地把自己的观点表达明白。辩论的最后结果并不重要，重要的是启发学生思考的过程，学生能通过与他人的辩论，继续深入思考，能够有辩证地看待问题的意识。另外，自主设计与展示护鸟标语，学生兴趣很高，表现比较活跃。此教学活动既加深了学生对人与自然和谐相处的理解，提升了其理性思维素养，同时通过对相关资料的收集与整理，有效锻炼了学生的实践研究技能和科学的研究态度。	

审辩阅读教学的实施过程

　　审辩阅读教学的实施过程是小学审辩阅读教学活动的中心环节，是教师按照预设的教学目标、教学内容和教学流程，引导学生开展审辩阅读学习和发展学生审辩阅读能力的具体教学过程。教师对审辩阅读教学目标、教学内容和教学过程的预设，仅仅是开展审辩阅读教学活动的前期工作，只有当教师把预设的教学方案运用于教学实践，教师的教和学生的学才会真实发生，教师与学生的互动交往才算真正开始。理想状态的阅读教学是由连续性课堂教学组织成的阅读训练体系。[1] 在具体的教学活动过程中，教师需要针对审辩阅读教学的基本特征及其具体目的，秉持对话式教学引导，积极创设启发性的教学问题、可视化的教学内容、互动性的文本交流和探索性的主题拓展，才能更好地促进学生审辩阅读素养的发展。

一、对话式教学引导

实施教学活动的前提是教学活动主体有序地进入教学活动。教学活动主体的进入不仅意味着教学主体即教师进入教学活动，同时也要求学习主体即学生进入教学活动。只有师生主体共同进入教学活动，才能有效开启教学实践。正如前文所述，由于教师对审辩阅读教学活动的有效设计，总是基于学生的最近发展区，学生现实的认知水平与理性的教学活动之间，必定存在一定发展意义上的距离，换言之，有效的教学活动本身与学生现实认知之间总是存在一定矛盾，正是因为这种矛盾性的存在，学生才能实现认知与学习的发展。从教学设计与学生发展的矛盾意义来说，学生不可能自觉地进入教学活动，这个过程离不开教师对教学活动的有效预设与积极引导。学生进入教学活动不仅是学生的身体进入教室，更多意指学生的心灵进入教师所预设的教学活动中。

在教学活动开启之初，教师最重要的教学任务是激发学生的向学之心，不论学生的基础与条件如何。[2] 教师对学生最有意义的引导和最有效的激励是合理运用对话式教学方式。对话是建立在主体间交往关系之上的意义的交互理解行为。[3] 对话式教学方式是支撑师生主体间平等交流与互动交往的重要教学途径，基于对话式教学交往可以有效缩小教师与学生的距离，让学生体验到愉悦的教学氛围，进而帮助学生消除新课学习的心理障碍，积

---

[1] 杨仕威：《阅读教学的学情与学理阐释》，载《语文知识》，2017（1）：62–65。
[2] 刘铁芳、黄鑫：《教学何以成为美好事物的经历》，载《中国教育学刊》，2014（7）：33–38。
[3] 王馥芳：《阅读认知模式的迭代更新》，载《社会科学报》，2019-10-03（007）。

极进入课堂教学。

从这个意义而言，对话式教学交往无疑是开启学生审辩阅读学习和激发学生思考探索的重要教学方式。对话是在对等的关系上寻求知识建构的活动。[①] 如何有效运用对话式教学交往是开启教学实践活动的重点。在审辩阅读教学活动的具体实施过程中，教师需要特别关注以下两个方面：一方面，教师与学生的对话起点是基于学生实际的认知特点和现实的学习状况，任何超越了学生实际认知水平和现实接受程度的对话都是无效的交流；另一方面，教师与学生对话的中心是阅读文本本身或与阅读文本相关的内容，与阅读文本学习无关的对话不利于学生审辩阅读素养的发展。

二、启发式问题创设

学生进入教学活动是教学实践活动实施的重要条件。然而，完整的教学活动需要在教师运用对话式教学方式有效开启审辩阅读教学活动后，通过启发式问题引导维持师生主体间的对话教学活动，让学生开始可持续的审辩阅读学习。审辩阅读教学活动必须借助"问题"形式，才能将变化复杂的系统变得清晰，以利于实现既定教学目标。[②] 在审辩阅读教学的互动交流活动中，教师需要探寻与构建对话式阅读教学活动的关键性支撑条件，一是连接师生主体间对话式教学的载体，二是促进师生主体间对话式教学的动力。

首先，师生主体间对话的直接载体是教学内容，开展审辩阅读教学的根本目的是教师引导学生基于对教学内容的学习与理解，实现审辩阅读能力的发展。因而，教学内容必定是师生主体间对话的焦点，是教师与学生开展对话式教学实践的纽带和桥梁。其次，以教学内容为载体的师生主体间对话式教学的具体实施与展开，需要以问题意识的激发和问题能力的形

---

① 钟启泉：《对话型教学的创造》，载《教育发展研究》，2020（4）：38-43。
② 戎仁堂：《阅读教学中"问题链"的设计要领》，载《语文建设》，2018（14）：23-26。

成为教学活动的推进条件。换言之，只有学生对教师所预设的教学内容表现出兴趣和产生探索欲之后，学生才有可能与教师展开持续性的对话与交流，同时教师所预设的内容才能对学生的审辩阅读能力和相关认知产生积极的促进功效。

基于以上分析，教师只有积极采用启发式阅读教学问题的引导，"抓住学生思维内核""引发学生认知冲突"，才能有效维持师生主体间在审辩阅读教学活动中的文本对话与思想交流，进而开启学生的审辩阅读思考。[①] 有效做到启发式问题的引导是审辩阅读教学实施的决定因素。第一，预设文本情境。虽然审辩阅读教学倡导对学生思维的启发，讲求即时性和灵动性，但是教学的即时性和灵动性是建立在预设性的基础上，只有通过教学预设才有明确的对话目标和提问方向。第二，选择具有认知冲突的主题作为提问的内容，因为教师提问的质量取决于是否能够激发学生的新旧认知经验，具有认知冲突的主题必然能够积极促进学生新旧经验的同化与顺应，使学生有效联系课内外挖掘文本的多重意义，从而建构独到的阅读意义。[②] 第三，在学生问题思考过程中，教师需要给学生预留恰当的分析与反思的时间，因为启发式问题需要学生经过必要的思考才能回答。反之，学生不经过思考与反思就能回答的问题，恰恰是不具有启发性的。

三、可视化内容呈现

教学内容是衔接师生主体间文本对话的重要教学载体。教学内容既具有物质性，也具有精神性。因而，教学内容通常直接表现出可视化的形象特征，然而在具体的形象特征背后，其更多蕴含着概念化的抽象特性。在阅读学习中，学生对文本内容的整体感知和准确把握是学生理解文本和反

[①] 拾景玉：《小学阅读教学中"主问题设计"研究》，载《江苏师范大学学报（教育科学版）》，2013，4（4）：65-68。
[②] 付煜：《"问题连续体"理论及其在阅读教学中的应用研究》，载《教育评论》，2018（2）：125-129。

思文本，进行信息推理、信息概括和信息判断等系列阅读认知活动的前提和基础。学生阅读的过程是通过对文本具体的文字信息及其整个文本结构的加工而实现意义的理解，显然，学生对文本内容的理解程度直接关系到学生对文本意义的有效获取与创新建构。人与文本之间是一种互为主体、互相解释、互相沟通的关系。[①] 鉴于此，在审辩阅读教学的具体实施过程中，当教师运用对话式教学方式和启发性问题引导，把学生引入课堂教学情境后，教师同时需要将教学的重点转向师生主体间对话与交流的共同载体，即将抽象的文本内容具体化和可视化，帮助学生将高度概念化的内容转化到学生可接受和易接受的范围内，从而实现新旧经验的有效融合。只有依托可视化的文本内容，教师的教与学生的学才具有落脚点，师生主体间的对话与交流才能得以持续，学生的阅读认知技能才有可能得以发展。

审辩阅读教学内容的可视化主要体现为两种形式：一是文本内容的结构化，二是文本内容的图形化。首先，文本内容的结构化是指教师通过归纳概括的方法，按照文本具体的空间关系、因果联系、主次关系等逻辑联系，对文本内容的内在关键信息进行条理化，使原本复杂的内容或分散的内容简单化和系统化，进而让学生对文本的潜在结构有清晰和准确的把握。文本内容的结构化较适用于说明文、议论文、非连续性文本等具有较强事理性的文本内容。其次，文本内容的图形化是指将文本的主要内容转化为图形的表达方式，让学生能够更直观、具体地理解文本内容。该方式对学生理解叙事性文本具有更好的针对性。例如，在《花钟》（部编版三年级下册）课文教学中，教师可以通过思维导图的方式，按照时间顺序把不同花朵绽放的大致时辰，具体转化到时间轴上，学生一看便一目了然。这种方式能够促进学生对课文内容和结构的有效把握，进而增强学生的信息推理和信息概括能力。

---

① 李燕：《论主体间视域下的文本解读》，载《中国教育学刊》，2016（9）：66-70。

四、互动性文本探究

从教学过程来看，预设的内容可以确定，课堂生成的内容则难以确定，而教学的过程往往应该做到预设与生成的统一。[1] 可视化文本内容的呈现，为学生从宏观视角理解文本内容和结构奠定了基础，为发展学生的文本感知能力和文本分析能力提供了预设条件。学生对文本内容和结构的整体感知和宏观把握仅仅是审辩阅读的基础性技能，要帮助学生发展深度阅读技能，教师需要引导学生关注对文本细节内容的理解。学生只有在充分理解文本的具体要素内涵与结构关系后，才能对文本所蕴含的前提、观点、依据等问题进行合理的推断与评价，才能有效促进审辩阅读素养的生成。具体而言，系统的文本分析能力主要涉及文本信息的推理与文本信息的概括两种阅读认知技能，当学生能够对文本内在信息进行合理推理和有效概括时，其自然体现了学生的文本分析能力的形成。从这个意义上说，教师设置可视化文本呈现的深层次原因是为了更好地发展学生的文本分析与文本反思技能。

系统的文本分析是有效反思文本和建构文本的前提，帮助学生获取良好的文本分析能力是审辩阅读教学活动实施的中心问题。良好的文本分析能力不在于学生是否有较快的问题分析速度，而在于学生是否能够合理地、有条理地推理和概括文本信息。合理性是考查学生系统分析能力的重要标准。在实际教学中，学生也许能够进行独立的信息推理与信息概括，但是其推理的方式和概括的思路往往不能跳出自我为中心的狭隘视野。从这个意义而言，要克服学生文本分析的狭隘性和提升学生分析性思维的合理性，教师需要引导学生开展互动性文本探究。

阅读的过程就是主体唤醒、智慧生成的过程。[2] 互动性文本探究的根本

---

[1] 张心科：《论语文教学内容的确定》，载《语文建设》，2017（1）：21-25。
[2] 何立新、王雁玲：《阅读素养的教学逻辑与变革策略》，载《中国教育学刊》，2017（4）：71-76。

目的是帮助学生充分发展主体性和有效获取理性思维智慧。在具体的教学实施过程中，首先，教师需要营造一种开放性的教学情境，引导学生养成既能表达自我观点，同时也能尊重他人看法的习惯。其次，创设多种讨论形式，例如，师生讨论、同桌讨论、小组讨论等；也可讨论角色互换，让学生学会换位思考。再次，在讨论过程中，教师特别需要注重对学生自我反思能力的培养，例如，引导学生在合理吸取他人看法的基础上，有效完善自我观点和自我看法，养成全面分析问题的能力。最后，在互动性文本讨论结束后，教师除了给予学生积极的反馈，以帮助学生树立理性思考和互动讨论的自信，还可以引导学生进行自我总结，进而增强学生的信息分析能力、信息概括能力和信息反思能力。

五、探索性主题拓展

教师指导学生进行阅读学习的重要任务除了帮助学生有效理解文本、建构文本，还需要帮助学生有效运用文本，以便更好地增强学生的阅读思维能力和拓展学生的阅读思维空间。[1] 通过审辩阅读教学活动互动性的文本交流，学生的文本分析能力和文本反思能力得以较为系统的发展后，为了帮助学生扩展审辩阅读思维，增强审辩阅读技能的灵活性和理性思维的广阔性，教师有必要开展审辩阅读教学的主题拓展活动。主题既可以是文本直接表达的，也可以是提炼于文本、由师生读出来的；主题代表着文本的核心价值，具有丰富的延展性和巨大的概括性。[2] 小学审辩阅读教学活动的主题拓展主要体现为两种形式：一是课内主题拓展，二是课外主题拓展。课内主题拓展是指教师在课堂内引导学生围绕文本内容，展开主题分析与讨论，以此巩固学生对所学文本的充分理解。课外主题拓展是指学生在课后业余时间里，根据教师预设的主题展开问题分析、资料收集、观点验证

---

[1] 魏小娜：《"通过阅读来学习"：中小学阅读新视域》，载《中国教育学刊》，2017（4）：67-70。

[2] 窦桂梅：《窦桂梅的阅读课堂》，桂林，广西师范大学出版社，2015。

等系列阅读实践活动。通过类似的文本主题探索，帮助学生在充分理解课内文本主题的基础上，不断拓展学生的文本反思能力。

主题拓展是审辩阅读教学活动实施的最后重要环节。教师在具体开展主题拓展时，需要关注三个基本问题：首先，确定具有探索性的主题。主题拓展的关键在于教师所呈现的主题是否能够有效促进学生新旧学习经验的融合和训练学生已有的阅读认知技能，教师需要结合所学内容与学生实际阅读认知特征进行主题选择。其次，设置多元的主题拓展标准。主题拓展标准是衡量学生参与主题拓展活动的重要方式，为了充分拓展学生的理性思维空间，教师不能局限于书本的标准式答案，而应从学生发展的多维角度关注学生的主题拓展。最后，鉴于课内主题拓展的时空限制和课外主题拓展的互补性，教师可以将审辩阅读教学的主题拓展与语文综合实践课程相结合。例如，在课外让学生对文本资料进行收集与对比分析，在课内让学生进行专题讨论与评价等，通过类似的有效互补，共同促进学生审辩阅读能力的发展。

审辩阅读教学的评价路径

教学评价是依据一定的客观标准，以搜集相关信息为基础，运用科学的方法，对师生的教学活动及其效果进行价值判断的活动。[1]教学评价是评估、诊断和调整教师教学行为和学生学习行为的重要方式，是教学活动实施中不可或缺的环节。合理的教学评价既是教师清晰把握学生学习状态和追踪学习变化的重要方式，也是教师不断反思自我教学行为和优化教学活动的重要途径。为了有效评估审辩阅读教学活动的合理性与教学任务的实

---

[1] 李森：《现代教学论纲要》，北京，人民教育出版社，2005。

效性及更好地调整教学方案，本节从评价原则、评价内容和评价方式三方面对小学审辩阅读教学的评价路径展开探讨。

一、评价原则

审辩阅读教学强调教师合理引导学生认识文本、理解文本和反思文本，以帮助学生充分获取深度阅读技能和理性思维品质。在具体的阅读过程中，学生的个体成长历程、生活体验、知识积累、智力水平以及思维方式等的不同，使每个人都具备各异的阅读前理解图式。[①] 由于小学生认知能力、认知水平的不足，其"前理解图式"具有一定局限性，[②] 因而，在小学审辩阅读教学活动的具体评价过程中，为了有效实现审辩阅读教学的评价目的，教师需要坚持生本性、激发性、动态性和系统性等基本原则。

（一）生本性原则

教学是教师引导学生理解学科知识、发展学科技能和规范社会行为的重要社会实践活动，构成教学活动的要素是多样的和复杂的，既有物质性的教学环境，也有生命性的教学主体即教师和学习主体即学生，还有兼具物质性和精神性的教学内容。但教学的核心是培养学生和发展学生，是促进学生的自主学习和自我发展。教学对学生的自主学习和自我发展的关注，充分突显学生的主体性地位与能动性作用。唯有当学生独立思考、展开活动、积极地钻研教学内容时，即唯有当学生成为活动的主体时，真正的学习过程才能形成，学生才能掌握教学内容。[③] 理想的教学活动就是突显学生学习的主体性和尊重学生发展的能动性，即从教学活动的初步构思、详细设计，到具体实施都是围绕学生的主体性和能动性展开的。

教学评价作为教学实施活动的重要环节，其自然蕴含着对学生主体性

---

① 陈恒敏：《论语文阅读教学与评价的合法性》，载《中国教育学刊》，2019（4）：68-72。
② 魏薇：《小学阅读教学对话的可能：基于主体、文本分析》，载《中国教育学刊》，2010（12）：39-42。
③ [日] 佐藤正夫：《教学原理》，钟启泉译，北京，教育科学出版社，2001。

的彰显和能动性的遵循。换言之,教学评价的首要目的是考查学生学习主体本身,而不是直接考查教学活动的其他内容。具体而言,教学评价重在考查在以教师教学为主导的系统性教学实践中,教学活动是否有效促进了学生对学科基础知识的理解、学科基本技能的运用和是否积极影响了学生的思考方式与思想观点。不可否认的是,在具体的教学评价中,对学生学习主体的有效评价,也会间接反映教学活动中其他构成要素的合理性与有效性,从而反作用于教师对教学活动的合理调整与完善。当然,教师对教学活动的调整与完善,最终也是为了学生学习主体的更好发展。因而,在特别强调学生审辩阅读技能和理性思维发展的审辩阅读教学活动中,教学评价需要坚持生本性原则,应突出学生主体性地位和能动性作用,充分考虑学生现实的学习状况和未来的发展需要。

(二)激发性原则

教学活动中学习主体即接受教学影响的学生是教学评价的中心,教师对学生知识学习、经验获取及其个性化发展的影响,最佳状态是正向的、轻松的与和谐的。然而,也不可避免出现某些偏离教学目的的负面影响。教学评价的目的是帮助教师确认积极的教学影响和尽力避免不利于学生学习与发展的负面影响,同时让学生获取最佳的教学影响。从这个意义而言,教学评价的本质是帮助学生获取最佳的教学影响,激发学生更好地学习,而不是为了评价而机械地评价学生和裁定学生。因而,激发性原则是教学评价的根本性原则,是教师有效评价学生学习的重要标准。尽管教师对学生的评价,有时也避免不了给予学生等级评定,但教学评价的真实目的不是简单地给学生排列高低次序,而是帮助学生更清晰地认识自我学习与自我发展的优势与不足,让学生在听完一堂课或学完一个单元之后,能够自觉地意识到自己收获了什么和接下来应该怎样做,从而更好地促进学生可持续的个体性学习与个性化发展。

教学评价需要帮助学生树立成功的信心,发现发展中的问题,结合学生的真实状态,通过反馈信息,促进学生更好地发展。[①]在审辩阅读教学评价活动中,为了充分发挥教学对学生的积极影响,教师无疑需要坚持教学评价的激发性原则。具体来说,一是从学生的学习现实和生活实际出发,设定能够真实反映和激励学生整体文本感知、系统性认识与深层次理解的教学评价方式,从而真实有效地评价学生的阅读学习,让学生积极地反观自我阅读学习的真实状态;二是在具体的教学评价中,尽可能地给学生多提供文本理解和文本表达的机会,让学生依据相关评价方式或评价指标进行自我调整和自我完善,最终达到自我激励的目的。

(三)动态性原则

在实际的教学评价过程中,为了评价和评估的便捷性,教师往往会采取易于量化的标准测试,以便直观地考查学生和掌握学生学习与发展的实际情况。尽管易于量化的标准测试能够非常便捷和直观地反映学生情况,但其更多反映的是学生阶段性的静态学习成果。学生的真实学习活动是一个充满发现性和动态性的认知发展过程。所谓发现性是指教师帮助学生激发学习潜能,利用已有经验,同化和顺应新知识,从而获取新经验和发现新问题的系统化发展过程;动态性是指学生的学习过程不是一蹴而就的学习形式,而是一个从已知经验走向未知探索,再由未知探索转向已知发现的周而复始和螺旋式的变化过程。教学评价的重要功能是反映学生的真实学习情况,从这个意义而言,合理的教学评价需要坚持动态性评价原则,其不仅是对学生阶段性的静态结果的如实反映,同时也是对学生系统化的学习发现过程和螺旋式的学习发展方式的真实反映。

中小学生是不断发展着的、存在着巨大差异的群体,倘若教师以一种固定的标准贯穿教学始终,并以此评价所有学生,那么必然导致整个评价

---

① 陈玉琨:《教育评价学》,北京,人民教育出版社,1999。

的无意义，更无法充分发挥其促进学生自主发展的作用。[①]因而，审辩阅读教学活动特别强调教师对学生认知冲突的引导，通过设置具有思辨性的教学问题，增强学生的认知体验与认知感悟，以帮助学生发展理性思维能力。从实质而言，审辩阅读教学也是一个引导学生从未知到发现，再到发展的系列认知变化的过程。审辩阅读教学评价无疑需要坚持动态性评价原则，将标准化测试与对学生过程性评价有机结合，合理构建从文本感知到文本理解，再到文本反思和文本发现的系统性评价方式，从而有助于真实有效地反映学生审辩阅读能力的发展与变化。

（四）系统性原则

教学是一种有明确目的、预期计划的系统化的实践活动。教学的系统性决定了教学结构要素和教学内在环节的整体性和一致性。审辩阅读教学评价作为阅读教学实践的重要环节，其除了遵循生本性、激发性和动态性教学评价的原则，必然还需要坚持系统性教学评价的原则。系统性教学评价原则是指在具体的教学活动评价过程中，教师基于学生整体发展的视角，对学生的实际学习状况、内在学习需求和潜在的学习能力作出合乎教学逻辑的评估、判断和完善。

审辩阅读教学的系统性评价原则主要体现在两个方面：首先，教学评价内容的一致性。审辩阅读教学的根本教学目的是发展学生的深度阅读技能和理性思维素养，教学评价的具体内容是源于对教学目的的分解与细化。例如，对于发展学生深度阅读技能的教学目标来说，其具体的教学评价内容是学生的文本感知能力、信息提取能力、信息推理能力、信息概括能力、问题质疑能力和文本评价能力；发展理性思维素养的教学评价内容则主要包括学生思维的独立性、自主性、灵活性、开放性和条理性等。其次，教学评价方式的多维性。为了有效实现审辩阅读教学的评价内容，必然需要

[①] 卢立涛、梁威、沈茜：《我国课堂教学评价现状反思与改进路径》，载《中国教育学刊》，2012（6）：43-47。

采取多元化的评价方式，从多维度的视角全面评价学生的审辩阅读能力。例如，既需要坚持对学生阅读学习的标准化测试，以考查学生深度阅读技能的实际发展状况，也需要选择过程性教学评价，以现场记录的方式准确判断学生理性思维的实际表现状态。在审辩阅读教学的具体评价中，当教师充分地考虑了教学评价的系统性，教师对学生阅读学习的关注，则不再仅仅是学生的分数或等级问题，而更多是关注对学生内在学习潜能、内生阅读兴趣的激发和深层次阅读技能的培养；学生也不再仅仅纠结于对书本标准答案的追求，而是以更开阔的思维方式去探究问题背后的深层次原因和多样性可能。

二、评价内容

教学评价是一个收集、分析、判断学生学习信息，并以此为依据进行学习反馈和教学改进的过程，是检查学生在教学过程中实际获得的学习结果与教学目标预设内容的一致性程度。从这个意义而言，教学评价的主要目的是把握学生的学习状况与了解教师的教学成效，探究教学中所存在的问题或缺陷，以便获得反馈信息和对教学过程进行调整，进而促进教学和学习方式的改进，帮助教师优化教学思路，进而提高教师教学能力和学生学习能力。[①]在审辩阅读课堂教学评价中，既要评价学生阅读学习目标，即获取深度阅读技能目标的达成，还要特别关注学生思维发展目标的达成，即理性思维的发展情况。鉴于此，审辩阅读教学评价的内容主要体现在学生审辩阅读技能和审辩式思维品质两方面。

（一）审辩阅读技能

审辩阅读技能是学生对文本信息进行整体感知、系统分析与合理评价等阅读认知的重要体现。在审辩阅读教学活动中，学生的审辩阅读技能集

[①] 王荣生：《阅读教学的基本任务与路径》，载《课程·教材·教法》，2012，32（7）：84-91。

中体现为文本感知、信息提取、信息推理、信息概括、信息判断和信息评价六个维度。

文本感知是学生通过文本的标题、插图、作者等信息推测与感知文本大体内容的过程。在文本感知技能的评价方面，教师通过学生对具有提纲挈领性文本信息的阅读与思考，考查其对文本的整体感知情况。例如：通过标题猜想文章内容是什么；依据文章某句话或某一段，推断文章会发生什么故事；从文章中某具体人物，推测文本会讲述什么事情；等等。

信息提取是学生从课文中寻找有价值的信息，包括时间、地点、人物、事件、词汇、主要想法等活动过程。对于信息提取技能的评价，教师可通过如下类似问题考查学生的信息提取技能，例如：故事发生在哪里、发生在什么时候；文章主要内容是什么；文本主要人物是谁；在情景中找出某人物或某故事情节的表现；等等。

信息推理是指学生通过文章中提供的具体信息建构关系与意义的过程。对信息推理技能的评价，可以通过"澄清""释义""描述""转化"等方式，例如：这句话在该段的作用是什么；是什么原因导致了这个结果；课文哪部分内容可以得出作者的观点；等等。

信息概括是学生将课文中的部分信息通过比较、类比、排序、分类等对信息进行整合，并用自己的语言加以表达的过程。教师可以通过归纳、分类、排序等方式，考查学生的信息概括技能。例如：文章的主要思想是什么；从哪些方面可以概括出某人物的特征；用图表示文章中某一人物的关系；用图形概括文章的某一具体内容；等等。

信息判断是学生综合文本信息，对文本中作者的观点、论据、结论等内容作出自我判断的过程。例如：作者得出这个观点是否合理；作者提出的观点是否有相应的理由；支撑作者观点的理由是否可靠；文章的结论是否准确，是否还有其他可能；作者的理由与文章结论之间是否有密切的关联；等等。

信息评价是学生在对文本信息进行系统分析与合理判断的基础上，有理有据地提出自我观点的过程。例如：读完文章后，你的感受是什么；假如你是文章的主人公，你会怎样处理这件事；你是否赞同作者对……的看法，原因是什么；你是否喜欢文章的这个结局，理由是什么；等等。

（二）审辩式思维品质

审辩式思维品质是学生在生活和学习中所表现出的理性、公正、灵活、专注等抽象的思想意识，情感认知和人格气质的融合，它反映了学生有意识地运用审辩式思维进行知识学习与问题分析的心理状态。[1]发展学生的审辩式思维品质、帮助学生养成理性思维的习惯是审辩阅读教学的另一个重要教学目标。结合罗清旭、杨鑫辉[2]，夏青[3]等人的相关研究，小学生审辩式思维品质主要表现在自信心、独立性、开放性、灵活性、公正性、理据性和深刻性七个方面。

思维自信心主要是指学生在面对具体问题或困难时，所表现出的积极思维状态。例如：学生能够不畏惧别人的质疑，在课堂上勇于表达自己的想法；学生在遇到学习困难或生活问题时，拥有解决问题的决心和积极思考的动力；当学生遇到学业挫折的时候，仍然相信通过后期努力，能够完善自己和改变自己；等等。

思维独立性是指学生在具体的学习过程中，所呈现出的一种自主思考的行为状态。例如：教师的课堂教学结束后，学生能够运用课堂所学的知识、方法，主动思考相关学习问题；在与他人交流和讨论的过程中，不会因为别人的看法和观点，而轻易改变自己的想法；等等。

思维开放性是指学生日常的学习与生活中，正确看待自我与他人关系

---

[1] 罗清旭：《批判性思维的结构、培养模式及存在的问题》，载《广西民族学院学报（自然科学版）》，2020，7（3）：215–218。
[2] 罗清旭、杨鑫辉：《〈加利福尼亚批判性思维倾向问卷〉中文版的初步修订》，载《心理发展与教育》，2001（3）：47–51。
[3] 夏青：《知识观视角下的批判性阅读与学校教育改革》[D]，长沙，湖南师范大学，2018。

的一种辩证性思维特征。例如：学生在取得良好学习成绩或受他人称赞时，仍能够自觉意识到自己还有某些不足的地方；当周围其他人遇到困难或打击的时候，能够换位思考，承认别人的长处；在团队合作与小组学习中，能够积极发现他人的闪光点，并自觉吸收与借鉴他人的长处；等等。

思维灵活性是指学生善于从多个角度分析问题和探究问题的思维特性。例如：在与他人交流学习的活动中，学生能够通过清晰的语言，灵活地表达自己的观点、看法；在小组讨论活动中，能够对不同观点加以有效整合与概述；运用所学的学科知识自主地分析与解决生活中的实际问题；等等。这些都是思维灵活性的重要表现。

思维公正性是指学生在不同场景，均使用相同标准考查和评价事物对象的一种积极思维倾向。由于每个人都具有自己独特的理解方式，因而，在判断事物时，提倡运用相同的标准才能得到相对公正的结果。例如：学生运用评价他人的标准，反观自己的行为；学生在不同场合都能做到言行一致、知行合一；等等。这些均体现了思维公正性。

思维理据性是指学生日常学习与生活实践中，所呈现的语言信息具有清晰的层次性、条理性和逻辑性的思维状态。例如：学生能够有条理地分析问题；能够依据一定理由表达观点；能够有意识地注意到自我观点与理由之间的内在关联性；等等。这些均体现了学生思维的理据性特征。

思维深刻性是指学生能够主动反思、不断调整自我行为观念的一种思维特征。例如：学生对不同的解题方式进行对比，总结出最简便的解题方式；学生对考试的情况进行总结，反思考试前的学习状态，并根据自我反思的结果重新调整自我学习活动；等等。这一系列认知过程即为学生思维深刻性的表现。

审辩式思维是关于任意主题、内容或问题的一种思考方式，思考者通过技巧性的分析、评估和重建提升自己的思维品质。[1] 发展学生的审辩式思

---

[1] 王世赟：《审辩式思维是什么，怎么教》，载《中国教师报》，2019-10-23（003）。

维品质是审辩阅读教学的重要教学目标，因而，如何有效评价学生的审辩式思维品质是审辩阅读教学评价的重要内容。从这个意义上说，教师可秉持"成长评估"的理念，基于学生在特定时间段的实际思维发展"状态"，[1]从上述不同的思维维度和内容考查学生的审辩式思维品质。

三、评价方式

任何教学活动都是由许多细小的教学片段和真实的教学行为有机构成的系统化过程，是教师通过选择恰当的教学方法，合理地组织与推进教师的教与学生的学互动融合的系列教学过程。在教师与学生的互动交往下，教师的教和学生的学在教学活动中得以真实地发生和充分地显现。教师的教与学生的学的充分显现既是教学成效的真实体现，也是教学活动的理想状态。然而，如何揭示这种理想的教学状态涉及教学活动的具体评价方式问题。有效的审辩阅读教学评价方式是衡量师生主体间文本互动交流活动的有效发生和充分体现的重要依据。结合小学审辩阅读教学相关理论与实践问题的研究，本节着重探讨过程参与性评价、学生交互性评价、个体对照性评价和自我报告性评价四种教学评价方式。

（一）过程参与性评价

审辩阅读教学提倡教师通过引导学生积极参与对文本的感知、分析和反思等系列阅读认知活动，促进学生发展深度阅读技能和理性思维素养。学生深度阅读技能与理性思维素养的获得与发展不仅仅是教师指导学生对文本中字词和语句进行有效地认读或释读，充分把握语文基础知识的问题，更多是教师引导学生积极进入文本层次的整体感知与系统理解，指导学生对文本内容、结构和主题等进行深层次理解与合理性思考。常规的"标准—结果"评价并不能完全反映学生的成长与发展，[2]对审辩阅读教学的

---

[1] 谢小庆：《终身成长：创新教育新思维》，北京，清华大学出版社，2020。
[2] 迟艳杰：《进步即质量：指向学生成长过程的教育质量观与价值追求》，载《教育研究》，2019（7）：36-43。

评价不能只是采取一般阅读教学评价常用的标准化学业测试进行终结性评价，因为学生的深度阅读技能和理性思维素养的获取与形成是一个系统化的认知发展过程，经过新旧经验的不断作用而逐渐生成的。因而，在审辩阅读教学评价中，教师更应该注重对学生的审辩阅读学习进行过程参与性评价。

过程参与性评价是教师对学生学习参与过程中的系列表现进行系统性辨别、诊断和评估。在过程参与性评价中，教师不只是关注学生对知识和技能的理解结果，同时更为关注学生的具体学习过程和学生在学习中的真实思维表现。在审辩阅读教学的过程参与性评价中，要关注学生是如何理解文本的、学生在分析文本时是否有效运用了相关阅读认知技能以及学生对相关文本评价是否合理等深层次阅读学习问题。如何有效把握审辩阅读教学的过程参与性评价方式是其实施的关键。根据审辩阅读教学活动的根本目的，并结合对课堂教学的实际观察，教师可以通过师生主体间的阅读交互式对话，考查学生学习过程的参与状态。例如，通过学生是否积极举手进行有效发言、能否准确回答教师提问、能否与其他同学进行相关学习交流、能否清晰地描述课堂中的自我学习活动等，可以判断学生是否进入了教师的课堂教学。

审辩阅读教学的过程参与性评价不仅可以直观地反映学生的具体阅读学习过程，同时也能积极反映学生的现实阅读行为，有助于教师准确把握学生的实际阅读状态和真实阅读水平，从而积极地完善教学过程和调整教学行为，进而促进学生审辩阅读能力的有效发展。当然，在具体评价过程中，教师需要有目的、有计划地采取一定规范的提问方式，才能有效地辨别学生真实的学习行为和有效的学习指标。例如：学生参与度的外显指标可以用学生自主讨论的时间占全部教学时间的百分比进行计算，内在的指标可以规定为学生自我反思意识、自主监控与调节能力等方面。

（二）学生交互性评价

学生交互性评价是指将教学评价的主体从教师转换为学生，让学生对学习主体之间的学习情况进行相互判断和相互评定。由于评价主体的转换，学生交互性评价可以从学习主体的视角生动、真实地反映学生自我理解的学习过程。学生自我理解的学习过程是学生参与教师教学活动不可忽略的构成要素。因为教学活动的导入与结束都注重学生知识经验的吸收、生活技能的获取、思维方式的优化和社会行为的规范。学生对学习的自我理解蕴含了双层意义：一是学生认知发展的真实状况，二是学生对教师教学行为的理想期待。正是由于学生对学习认知的真实展现和教师教学行为的理想期待，其构成了学生参与教师教学和学生自我发展的重要基础。因而，学生交互性评价可以帮助教师站在学生的角度理解学生的学习，并且基于学生交互性评价不断优化自我教学行为。

在审辩阅读教学评价中，教师需要重视学生交互性评价的价值意义，并且为学生交互性评价提供平台和机会。例如，当学生回答了教师的提问或是阐述了自我对文本理解的观点和看法后，教师不用急于给学生作出正确与否的判断，此时可以让其他同学举手，对前一名学生的回答情况进行判定，并引导其给出评价的依据和理由。当学生评价完之后，教师还可转向被评价的学生，是否赞同同学的评价；或转向其他学生，是否同意如此的评价等。再如，教师还可让学生以同桌或小组的形式，相互评价对阅读作品的再生成和再创造，如课文读后感、文本改编、文本创意制作等。通过类似的学生交互性评价，教师不仅能够准确把握学生的课堂学习情况，同时也增进了学生之间的相互学习，训练了学生的理性思维能力和准确的语言表达能力。在学生交互性评价的实际过程中，由于认知的局限和表达的欠缺，学生有时并不能规范完成评价任务，因而，教师不能一直是学生交互性评价的旁听者，在学生评价不能有效进行的时候，教师要加以积极的引导，给予学生必要的评价支架，进而有效发挥学生交互性评价的作用。

（三）个体对照性评价

个体对照性评价也称个体内差异评价，它是以学生自身的发展为教学评价的参考标准，对学生在不同学习阶段的学习行为进行对照性评价，以此反映出学生的学习发展状况与发展趋势。个体对照性评价是一种自我比较的评价方式，其显著特点是以学生个体作为教学评价对象，即让学生自己与自己进行对比分析，不需要参照其他学生进行对比评价，这在一定程度上有效降低了学生参加集体性教学评价的压力，对真实、全面地反映学生学习状况有着积极的作用。[1] 另外，以学生个体为评价对象，对学生的真实学习和自我发展进行可操作性分析，有助于帮助教师准确把握学生的学习变化轨迹，从而提出针对性教学建议。因而，个体对照性评价可有效弥补学生集体性教学评价的不足，常常被用于学生的发展性学业评价活动中。

由于学生个体的发展具有阶段性、连续性和综合性等特点，因而，个体对照性评价至少可分为三种类型：一是个体纵向对比评价，即将学生现阶段的学习情况与该学生前几个阶段的学习进行差异对比，以此考查学生学习的进退情况。这是一种典型的动态性教学评价，对诊断和评估学业发展落后的学生具有较强的针对性。二是个体横向对比分析，即对学生具体学习过程中的多种能力进行对比评价，从而判断学生各种学习能力的发展状况。横向对比分析是一种即时性的横断式评价，教师利用横向对比分析可帮助学生发现自我特长与不足，从而有助于指导学生取长补短，最终实现全面发展。三是个体综合性对比评价，即将学生某几种学习能力，放置于某一学习阶段进行综合性对比分析。例如，为了了解本学期学生的深度阅读技能的发展变化情况，可以依次对比分析学生的文本感知、信息提取、信息推理、信息概括等系列审辩阅读认知技能，通过综合对比，可准确把

---

[1] 何更生：《语文教学论》，合肥，安徽人民出版社，2007年。

握学生本学期各项审辩阅读认知技能的发展水平,进而对学生进行因材施教和个体性引导。

审辩阅读教学活动的直接目的在于促进学生的阅读素养,即深度阅读技能和理性思维品质的发展。一方面,学生阅读思维的发展是从无到有、从低水平向高水平逐渐变化的过程;另一方面,随着学生阅读思维能力的提高,学生阅读素养及其语文学业也会相对得到发展。从这个意义上说,为了考查学生审辩阅读能力的发展状况及其与语文其他学习技能的关系,个体对照性评价也适用于审辩阅读教学活动。需要注意的是,教师在审辩阅读教学具体评价过程中,难以把握每位学生的阅读学习的常态化水平,因而,在给出个体对照性评定结论的时候,需要谨慎和适中,以免评价过低给学生造成打击或是评价过高引发学生过度骄傲,这些问题都值得教师注意,可采取成长记录袋的方式加以避免。

(四)自我报告性评价

自我报告性评价是教师根据学生学习内容的某一主题,系统设置相关问题,以考查学生个体在学习过程中的感受、看法或观点等,并根据学生对相关学习问题的报告,进一步分析和评估学生相关学习品质与学习特征。[①]自我报告性评价是以学习主体的亲身经历、自我体验为根本评价依据,因而,在理论意义上,它比其他教学评价方法更能够反映学生的学习特征,其不仅可以直接展现学生的外显学习行为,同时也能够间接反映出学生的内在学习心理。鉴于此,在审辩阅读教学评价中,教师可以依据学生的自我报告性评价,系统地分析学生的阅读学习行为与阅读发展过程,全面地了解学生的阅读学习情况,进而制订更为精准的阅读教学设计方案和学生阅读学习指导思路。

自我报告性评价重在设置规范的评价工具,常见的自我报告性评价量

---

① 余林:《课堂教学评价》,北京,人民教育出版社,2007。

表有三种类型：一是等级量表，根据学生某一学习技能的特点或属性，将该学习行为划分为不同等级，让学生依据自我实际情况进行选答。例如，在考查学生对"文本评价"这一深度阅读认知技能的具体认识情况时，可以采用"非常熟悉""熟悉""不太熟悉""不熟悉"等程度用语，以进一步考查和判断学生的学习情况。二是核查表，即将学生的有关学习问题设置为判断的形式，让学生以此进行自我判断。例如，我是否能正确运用"信息推理"这一阅读认知技能？答案为：是/否。三是自由报告，即依据学生的具体学习主题，设置能够准确反映学生对这一主题如何理解的问题，让学生依次进行自我报告。例如，我喜欢/不喜欢这篇课文的主人公，因为……教师可以根据学生的学习实际或教学需要，选择重要的学习主题与编制类似的量表，进而合理地考查学生的学习行为，判断学生的思维品质。

由于自我报告性评价是直接以学生的自我选择或自我陈述为准，具有较强的主观因素，因而，在审辩阅读教学的自我报告性评价中，教师需要特别注重编制规范的评价量表，避免设置超出学生认知水平、明显违背常理的问题，尽量保证各项评价指标能够准确反映学生的真实阅读情况。除此，当学生进行自我报告性评价时，在条件允许的情况下，教师还可以选择合适的辅助测试，例如，采用相关专业人员编制的"测谎"试题等，以增加自我报告性评价的有效性。

第五章

小学审辩阅读教学的实证研究

　　审辩阅读教学是一种追求准确的文本感知、系统的文本分析和合理的文本反思的教学活动，是以发展学生的深度阅读技能和理性思维品质为根本目的的阅读教学形式。审辩阅读教学活动与一般阅读教学活动既存在共通性，需要遵循一般阅读教学规律，其也有着独特的教学形态，需要按照审辩阅读教学的基本模式和实践方式，创新教学活动。为了考查与验证小学审辩阅读教学理论构建的合理性与实践方式的有效性，以及进一步探索影响小学生审辩阅读活动的重要预测因素等问题，我们结合陕西师范大学实验小学审辩阅读教学实践，在贵州省县域城区小学开展了为期一学年的审辩阅读教学实验研究，具体回答：审辩阅读教学是否能促进小学生深度阅读技能的发展？能否发展学生的理性思维品质？开展小学审辩阅读教学活动的重点方向是什么？

实证研究依据

一、研究目的

（一）考查审辩阅读教学对发展小学生审辩阅读素养的影响

（二）探究有效开展小学审辩阅读教学活动的影响因素

二、研究思路

　　审辩阅读能力是指学生对文本的具体内容和整体结构进行独立思考、辩证分析、合理质疑和理性反思的能力，主要包括文本的感知性阅读能力、分析性阅读能力和反思性阅读能力。每一种阅读能力由两种具体的阅读技能所构成，其中：感知性阅读能力包括信息感知技能、信息提取技能；分析性阅读能力包括信息推理技能、信息概括技能；反思性阅读能力包括信息判断技能、信息评价技能。审辩阅读教学是教师引导学生通过对文本的内容、主题、观点、结论、前提等系列深层次文本问题进行系统分析和深入反思，进而充分发展学生审辩阅读技能的教学实践活动。因而，为了考查审辩阅读教学活动对学生审辩阅读发展的具体影响，本研究拟通过实验组和对照组的设置，在实验组接受审辩阅读教学的实验影响后，对比探究实验组和对照组审辩阅读技能的变化情况。

　　审辩式思维是个体基于可靠证据，对事物进行有理有据地分析与论证的能力，是理性思维的一种具体表现形式。审辩式思维倾向是指个体有意识地运用审辩式思维进行知识学习与问题分析的心理品质，审辩式思维倾向为个体的理性分析和辩证思考提供了动力支撑，其间接地反映了学生的理性思维品质。审辩阅读教学活动不仅需要对学生审辩阅读能力发展的引导，同时也需要对学生理性思维品质发展的关注。因此，为了考查审辩阅读教学活动对学生理性思维品质发展的作用，本研究拟通过审辩式阅读能力测试工具，对实验组和对照组进行审辩式思维倾向调查，对比分析实验组和对照组审辩式思维倾向的变化情况。

发展学生的审辩阅读技能和审辩式思维倾向是审辩阅读教学实践的根本目的。教师依照学生审辩阅读技能和审辩式思维倾向的重要预测因素，开展审辩阅读教学实践，不仅有利于帮助教师抓住审辩阅读教学活动的重心，同时也有助于增强学生审辩阅读学习的实效性。鉴于此，为了探明学生审辩阅读技能和审辩式思维倾向的预测因素，我们对实验组接受的实验影响，即审辩式阅读技能和审辩式思维倾向的结果进行相关预测探究。

三、研究假设

（一）小学语文审辩阅读教学能够提高学生的审辩阅读素养

（二）深度阅读技能和理性思维品质均是小学生审辩阅读素养的影响因素

实证研究过程

一、研究设计

采用不等组实验组、对照组前测后测的准实验设计。

二、被试选择

本研究被试是从某小学三年级 6 个自然班中，随机选择了 2 个班共 95 名学生参与实验，其中，一个班设定为实验组，另一个班设定为对照组。实验被试的样本分布及统计特征如表 5-1 所示，其中，实验组 48 人，男生 20 人，女生 28 人；对照组 47 人，男生 21 人，女生 26 人。两组被试的平均年龄为 8.26±1.05 周岁。所有被试均无智力落后和明显身体缺陷，均自愿参与实验；实验之前均未参加过审辩阅读类似的思维训练和阅读培训。

表 5-1 被试的样本分布及统计特征

变量	实验组	对照组
人数	48	47
男生	20	21
女生	28	26
年龄（周岁）	7.93 ~ 9.24	7.89 ~ 9.32

三、研究材料

本研究的实验材料包括小学审辩阅读教学材料、小学生审辩阅读能力测试和小学生审辩式思维倾向问卷。

（一）小学审辩阅读教学材料

审辩阅读教学材料是开展审辩阅读教学实验活动的重要载体。本研究的审辩阅读教学材料来源于部编版小学语文三年级的 16 篇课文，上、下册各 8 篇。教学材料的选择主要依据课文的主题、文体、内容三个方面。

首先，课文主题尽量接近学生生活，是学生比较熟悉的主题，这样容易激发学生思考的兴趣。其次，在课文文体方面，一般来说，寓言故事类、论说类、科技类比抒情文学类文体更具有论辩性和思考空间，教师可以更好地引导学生进行深入讨论及审辩思考。最后，课文内容最好具有多个层次、内容结构联系紧密，同时内容与主题之间尽量存在潜在的对抗性和争议性，这样可以更好地训练学生从多视角思考问题，帮助学生打开思考空间和提高审辩式思维能力。

根据以上三个维度，选择审辩阅读教学的课文，在三年级上册课本里，我们选择了《大青树下的小学》《秋天的雨》《去年的树》《在牛肚子里旅行》《总也倒不了的老屋》《金色的草地》《富饶的西沙群岛》《父亲、树林和鸟》

8篇课文；三年级下册课本，我们选择了《陶罐和铁罐》《美丽的鹿角》《纸的发明》《蜜蜂》《我变成了一棵树》《一只窝囊的大老虎》《火烧云》《慢性子裁缝和急性子顾客》8篇课文。课文确定后，教师按照审辩阅读教学结构进行教学设计，以形成小学语文审辩阅读教学材料。

（二）小学生审辩阅读能力测试

审辩阅读能力测试是测评和考查学生审辩阅读技能的重要方式。由于目前学界没有标准的审辩阅读能力测试工具，本研究依据审辩阅读教学结构层次中具体的阅读认知技能要求，并结合谢小庆教授《小学生思维品质测试》工具中"阅读理解"的测评思路，[①]自行编制审辩阅读能力测试工具。测试工具包括阅读材料和测试问题两部分内容。

首先，阅读材料均来源于学生未阅读过的课外书籍，前测的阅读材料难度相当于二年级学期末学生的阅读水平，后测阅读材料难度相当于三年级学期末学生的阅读水平。其次，测试问题分为六个维度，即审辩阅读教学强调的六种阅读认知技能：文本感知、信息提取、信息推理、信息概括、信息判断和信息评价。前四种阅读认知技能为单项选择题，信息判断和信息评价为问答题。测试中六个维度的具体概念界定如下：

（1）文本感知是指能够根据文本主要信息的提示，粗略推想文本的大致内容。

（2）信息提取是指通过快速浏览或粗略感知文本后，能够准确抓住文本关键信息，例如，文本中主要人物、时间、地点、事件等关键信息。

（3）信息推理是指能够根据文本中上下文的联系或相关情境的联想，推断没有明确描述的关系，例如，人物关系、因果关系及其他逻辑联系。

（4）信息概括是指能够将文本不同的信息整合在一起，例如，把文本基本信息、主要内容、不同的事物特征、不同的观点和看法等进行整合，

---

① 谢小庆：《审辩式思维》，上海，学林出版社，2016。

并用简要的语言进行概述。

（5）信息判断是指能够对文本的内在信息和外在结构作出合理与深刻的评断。

（6）信息评价是指能够对文本的内容、结构、主题等提出自我看法、自我观点和自我判断，并提供相应的证据与理由。

测试工具的整体结构是每份测试包括2篇阅读材料，每篇阅读材料后有8道题目。其中：选择题6道，每题5分；问答题2道，每题10分。每份测试2篇阅读材料共计100分。测试工具的前、后测的编写均由笔者一人承担，测试工具编制结束后，邀请审辩阅读相关研究专家和具有丰富语文教学经验的一线授课教师共同讨论，对其修正，最终形成小学生审辩阅读能力测试工具（前测试题详见附录1）。

（三）小学生审辩式思维倾向调查问卷

审辩式思维倾向问卷是考查学生审辩式思维倾向和反映学生理性思维品质的主要测评工具。由于目前国内还没有标准的小学生审辩式思维倾向问卷调查工具，本研究主要依据小学生的思维发展特征和参照前人相关调查问卷的编制研究，自编小学生审辩式思维倾向问卷研究工具。正式问卷调查工具的形成过程分为如下两个阶段：

1. 编制初步调查问卷

初步调查问卷的编制主要参照罗清旭、杨鑫辉修订的《加利福尼亚批判性思维倾向问卷（中文版）》[1]和杨晶的《小学生批判性思维倾向调查问卷的初步编制与应用》[2]等相关研究，采用Likert五级量表计分法（"1"表示非常不符合、"2"表示不太符合、"3"表示不太确定、"4"表示比较符合、

---

[1] 罗清旭、杨鑫辉：《〈加利福尼亚批判性思维倾向问卷〉中文版的初步修订》，载《心理发展与教育》，2001（3）：47–51。
[2] 杨晶：《小学生批判性思维倾向调查问卷的初步编制与应用》[D]，武汉，华中科技大学，2018。

"5"表示非常符合），从审辩式思维倾向相关研究者较公认的维度，[①]即自信心、独立性、开放性、灵活性、公正性、理据性和深刻性七个维度设置相关问题，以考查学生的审辩式思维倾向。其中，每个维度有5道题目，共35道题目，以此形成"小学生审辩式思维倾向调查"的初步问卷。问卷中七个维度的概念界定如下：

（1）自信心是指能够不畏惧别人的质疑，勇于表达自己的想法；具有解决困难问题的决心和积极思考的心态；相信通过学习能够完善自己和改变自己。

（2）独立性是指能够主动思考日常生活与学习中的问题；不因为别人的看法和观点而轻易改变自己的想法。

（3）开放性是指能够自觉意识到自己有不足的地方；能够换位思考，承认别人的长处；自觉吸收与借鉴他人的长处。

（4）灵活性是指能够从多个角度思考问题；对不同观点进行有效整合；清晰表达自己的观点。

（5）公正性是指能够用相同的标准评价自己与他人；言行一致。

（6）理据性是指能够有条理地分析问题；依据理由表达观点；有意识地注意证据与观点之间的关联性。

（7）深刻性是指能够主动反思、不断调整自我观念、行为。

2. 形成正式调查问卷

（1）请教审辩式思维相关研究专家和小学语文一线教师对初步问卷进行评议，并对问卷提出相应修改与完善建议。

（2）采用修改后的问卷，对贵州省某市另一所小学三年级学生进行初测，发放问卷178份，收回有效问卷171份，回收率为96%。

（3）统计初测的调查问卷结果，将统计数据进行项目分析和探索性因素分析。按照相关分析结果，删掉了问卷中8道题目，保留了原有问卷的

[①] 谢小庆：《思维品质测试的实践探索与思考》，载《教育测量与评价》，2016（10）：10-17。

27道题目。其中，自信心维度4道，独立性维度3道，开放性维度4道，灵活性维度4道，公正性维度3道，理据性维度5道，深刻性维度4道。

（4）对保留的27道题目做进一步的信度分析，结果显示：各因子a系数均为0.73~0.84，总问卷a系数为0.82；各因子分半信度系数均为0.70~0.83，总问卷分半信度系数为0.81。从各数值看，该问卷的a系数和分半信度系数在统计测量标准范围内，[1]说明该问卷具有良好的同质性信度和分半信度。

（5）对调查问卷做效度分析。由于该问卷是以较为成熟的审辩式思维理论为编制依据，并参照了国内相关规范试题的编制题项，且问卷编制完成后，多次与专家和一线教师进行沟通与修改，因而，该问卷具有较好的内容效度。

在建构效度方面，经过对该问卷自信心等七个维度之间以及各维度与问卷总分间做相关分析，结果显示：自信心等七个维度之间相关系数均为0.25~0.53，属于中等程度相关；七个维度与问卷总分的相关系数均为0.62~0.76。可见，各维度与问卷总分的相关系数大于各维度之间的相关系数，充分反映了各维度之间具有相对独立性，能够有效地测试各维度包含的内容范畴，同时也体现了该问卷具有较好的建构效度。

最后，将符合统计学意义的信度检验的27道题目确定为"小学生审辩式思维倾向调查"的正式问卷（见附录2）。

四、研究程序

（一）审辩阅读教学的实验过程

本研究开展时间为一学年，从2018年9月至2019年7月。具体实验分为三个程序：

---

[1] 吴明隆：《问卷统计分析实务——SPSS操作与应用》，重庆，重庆大学出版社，2010。

1. 实验组授课教师培训

在实验开展前一个月，经过实验组语文授课教师的沟通，在取得实验组授课教师的同意和班级微信群里学生家长与学生本人的支持后，我们通过理论讲解与视频观摩的方式，对实验组授课教师进行审辩阅读教学的价值意义、理论模式、教学设计与实施方法等内容的系统培训。培训结束后，授课教师自行对所选课文进行审辩阅读教学设计。

2. 审辩阅读教学设计

授课教师的教学设计是结合课文的内容结构，按照审辩阅读教学的理论模式与实践方式（本书第三章与第四章）的主要内容与观点，即审辩阅读教学的感知性阅读、分析性阅读和反思性阅读三个层次和文本感知、信息提取、信息推理、信息概括、信息判断和信息评价六种阅读认知技能进行相关教学活动设计。当授课教师完成了所选课文的初步教学设计后，由本书研究者与授课教师对其教学设计中没有明确突显审辩阅读教学特征和未能充分体现小学生审辩阅读素养培养的地方作进一步修改与完善。

3. 审辩阅读教学实施

审辩阅读教学的实施是按照原课本内容的编排顺序，与其他未被选中的课文进行混合式教学，例如，三年级上册第一单元中，被选为审辩阅读教学的课文是本单元第一课《大青树下的小学》。具体教学顺序首先是用审辩阅读教学方法完成第一篇课文教学，再用常规阅读教学方法按顺序进行本单元其他课文教学。第一单元教学结束后，继续用审辩阅读教学与常规阅读教学混合的方式依次进行其他单元的教学。

在实验教学的前一个月，我们一直跟随实验组和对照组授课教师进入学生课堂听课，观察与记录不同组别学生的阅读课堂学习情况。课后与教师积极地讨论和总结课堂上出现的新情况，并进一步完善后期的审辩阅读教学活动设计。一个月集中听课结束后，我们每月安排两次到实验组与对照组班级听课，并且每周均有一次与实验组授课教师进行审辩阅读教学问题的集中讨论。

（二）审辩阅读能力的测试过程

审辩阅读技能的测试分为前、后测两个阶段。前测时间是2018年9月学生开学后的第二周，后测时间为2019年6月，学生期末结束的倒数第三周。实验组与对照组均为同一时间测试，每次测试时长为30分钟。测试材料由试题与答题纸组成，答案均写在答题纸上。

（三）审辩式思维倾向的调查过程

审辩式思维倾向的问卷调查时间是2019年7月，学生期末结束的最后一周，即审辩阅读教学实验结束后的两周。实验组与对照组均为同一时间进行问卷调查，问卷调查的作答时长为20分钟。要求学生理解题意后，直接在每道题目后与自己情况相符的表格里画"√"。问卷调查结束后，给实验组与对照组所有被试送一份小礼物。

五、统计分析

当上述"小学生审辩阅读能力"测试和"小学生审辩式思维倾向"问卷调查结束后，使用SPSS21.0软件对所收集的研究数据进行统计分析。

实证研究结果

一、小学生审辩阅读能力测试结果

（一）两组审辩阅读技能的前、后测成绩比较

为了考查审辩阅读教学对小学生审辩阅读技能发展的影响，我们将实验组与对照组审辩阅读技能的相关测试成绩进行差异比较。经过数据统计，两组审辩阅读技能的前测、后测成绩的平均值与标准差如表5-2所示。通过

对两组审辩阅读技能的前、后测成绩做独立样本 t 检验，结果表明，实验组与对照组的前测成绩差异不显著（$p>0.05$）；实验组与对照组的后测成绩差异显著，$t(107)=2.23$，$p<0.05$，实验组后测成绩显著高于对照组。经过配对样本 t 检验，实验组的前测与后测差异显著，$t(65)=-3.87$，$p<0.01$，后测显著高于前测，控制组的前测与后测差异不显著（$p>0.05$）。

表 5-2　两组审辩阅读技能前、后测成绩差异比较（$M\pm SD$）

变量	实验组（n=48）	对照组（n=47）	t
前测	71.44±12.36	71.39±11.74	0.19
后测	73.86±10.92	72.47±11.07	2.23*
t	−3.87**	−1.35	

*$p<0.05$，**$p<0.01$

（二）两组组间与实验组内审辩阅读技能成绩的增值量比较

为了验证实验结果的可靠性，本研究运用参数检验中 t 检验的方法，对实验组与对照组之间以及实验组内高水平与低水平被试的前、后测差异分数进行检验，即对两组组间和实验组内审辩阅读技能成绩的增值量进行对比分析，以验证实验处理的效应。

1. 两组组间审辩阅读技能成绩的增值量比较

运用参数检验中 t 检验，对两组审辩阅读技能前、后测成绩增值量进行分析，结果表明，实验组与对照组审辩阅读技能前、后测成绩增值量差异显著，$t(117)=3.21$，$p<0.01$，实验组的审辩阅读技能前、后测成绩增值量（3.58±3.47）显著高于对照组（1.26±1.49）。

2. 实验组内审辩阅读技能成绩的增值量比较

参照一般测量学对被试成绩高（27%）、中（46%）、低（27%）水平组的划分比例，本研究按实验组的前测成绩，将实验组分为高水平组（27%）和低水平组（27%），以进一步比较实验组内审辩阅读技能成绩的增值量。

由于高水平组和低水平组两组被试量均为小于 30 的小样本（n=13），本研究运用非参数检验中 Mann-Whitney U 检验方法，对实验组内高、低水平组审辩阅读技能成绩的增值量进行检验，以进一步考查实验组的内部效应和实验数据的可靠性。

通过非参数检验，结果表明，实验组内高水平组与低水平组审辩阅读技能成绩的增值量差异显著，（Z=–2.75，p<0.01），见表 5-3；其中，高水平组（前测：82.32 ± 3.29，后测：84.06 ± 2.85）的审辩阅读技能成绩的增值量显著低于低水平组（前测：64.08 ± 8.49，后测：67.94 ± 8.72）。

表 5-3　实验组内高水平组与低水平组审辩式阅读技能成绩增值量差异比较

组别	人数	均值 ± 标准差	平均秩	秩次和	Z
高水平	13	2.35±1.72	14.06	195.22	–2.75**
低水平	13	5.70±3.24	23.73	351.46	

**p<0.01

（三）实验组审辩阅读技能前、后测各维度成绩差异比较

为了进一步了解实验组被试各阅读技能发展的具体状况，我们对实验组审辩阅读技能前、后测各维度成绩进行了独立样本 t 检验（见表 5-4），结果表明，实验组被试审辩阅读技能前、后测成绩，除"文本感知"维度差异不显著外，其余各维度差异显著。

表 5-4　实验组审辩阅读技能前、后测各维度成绩差异比较（M ± SD）

维度	前测（n=48）	后测（n=48）	t
文本感知	9.32±1.35	9.95±1.39	1.76
信息提取	10.37±1.44	11.05±1.47	4.41**
信息推理	8.93±1.59	9.27±1.49	3.82*
信息概括	9.17±1.55	9.35±1.64	3.47**
信息判断	7.78±1.72	8.23±1.67	3.68**

续表

维度	前测（n=48）	后测（n=48）	t
信息评价	8.14±1.51	8.59±1.52	3.68**

*$p<0.05$，**$p<0.01$

二、小学生审辩式思维倾向调查结果

为了考查审辩阅读教学对小学生审辩式思维倾向发展的影响，我们将实验组与对照组审辩式思维倾向的调查结果进行差异比较。经过独立样本 t 检验，两组审辩式思维倾向的分析数据见表5-5。结果表明：实验组与对照组审辩式思维倾向的问卷总分差异显著，t（172）=3.63，$p<0.01$；两组各维度除"公正性"与"深刻性"差异不显著以外，其余五个维度的问卷分数均存在显著差异。

表 5-5 两组审辩式思维倾向调查结果差异比较（M±SD）

维度	实验组（n=48）	对照组（n=47）	t
自信心	3.22±0.57	3.16±0.58	3.57**
独立性	3.57±0.53	3.21±0.53	3.48**
灵活性	3.69±0.47	3.40±0.49	2.73*
开放性	3.23±0.62	3.06±0.63	3.47**
公正性	3.23±0.60	3.18±0.61	0.58
理据性	3.27±0.62	3.16±0.65	2.53*
深刻性	3.38±0.55	3.32±0.57	2.34
总分	3.37±0.48	3.24±0.49	3.63**

*$p<0.05$，**$p<0.01$

三、小学生审辩阅读素养发展的影响因素

为了探究影响小学生审辩阅读素养发展的具体预测因素，即考查小学

生审辩阅读能力与审辩阅读思维倾向发展的重要影响因素,我们采用逐步多元回归分析法,对实验组被试审辩阅读技能的各维度成绩与总成绩、审辩式思维倾向的各维度成绩与总成绩进行数据分析,从而考查小学生不同的审辩阅读技能和审辩式思维品质对其审辩阅读素养发展的具体解释程度,以进一步探明发展小学生审辩阅读素养的最具解释力度的影响因素,为有效开展审辩阅读教学明确重点和指明方向。

(一)实验组审辩阅读能力发展的预测因素

在多元回归分析之前,首先对实验组被试审辩阅读技能的各维度成绩,即文本感知、信息提取、信息推理、信息概括、信息判断和信息评价的具体成绩与审辩阅读技能的总成绩进行相关分析(见表5-6)。结果显示:各维度之间的相关系数为0.423~0.617,各维度之间呈中低度相关;各维度成绩与测试总成绩之间的相关系数在0.7以上,各维度与总成绩之间呈高度相关;各预测变量之间不存在多重共线性问题,符合多元线性回归分析的要求。[①]

表 5-6　实验组审辩阅读技能各维度成绩与总成绩的相关矩阵

维度	文本感知	信息提取	信息推理	信息概括	信息判断	信息评价	总成绩
文本感知	1						
信息提取	0.543*	1					
信息推理	0.438*	0.504**	1				
信息概括	0.571**	0.617**	0.549**	1			

---

① 吴明隆:《问卷统计分析实务——SPSS 操作与应用》,重庆,重庆大学出版社,2010。

续表

维度	文本感知	信息提取	信息推理	信息概括	信息判断	信息评价	总成绩
信息判断	0.459**	0.436*	0.513**	0.568**	1		
信息评价	0.536**	0.577**	0.549**	0.471*	0.518*	1	
总成绩	0.712**	0.727**	0.861**	0.743**	0.766**	0.752**	1

*$p<0.05$，**$p<0.01$

通过以实验组审辩阅读技能的各维度，即文本感知、信息提取、信息推理、信息概括、信息判断和信息评价的成绩为自变量，审辩阅读技能的总成绩为因变量，进行多元回归分析（见表5-7），结果表明，文本感知、信息提取、信息推理、信息概括、信息判断和信息评价均对审辩阅读技能的总成绩具有显著的预测作用。预测变异量由大至小依次为：信息推理、信息评价、信息提取、信息判断、信息概括、文本感知。

表5-7 小学生不同审辩阅读技能对其审辩阅读能力发展的解释结果

投入变量	B	R	R^2	ADR^2	t
常量	0.142				
信息推理	0.536	0.673	0.368	0.425	4.67**
信息评价	0.461	0.692	0.374	0.234	4.59**
信息提取	0.373	0.746	0.432	0.122	3.47*
信息判断	0.346	0.749	0.457	0.073	3.36*
信息概括	0.257	0.768	0.465	0.068	3.24*
文本感知	0.249	0.773	0.471	0.034	2.86*

*$p<0.05$，**$p<0.01$

（二）实验组审辩式思维倾向发展的预测因素

本研究在确定正式调查问卷之前，对审辩式思维倾向的调查问卷已做建构效度的检验，结果表明：正式调查问卷各维度，即自信心、独立性、开放性、灵活性、公正性、理据性和深刻性之间的相关系数为 0.25~0.53，各维度之间呈现中低度相关；各维度分数与问卷总分的相关系数均在 0.62 以上，各维度分数与问卷总分之间呈现高度相关，符合多元线性回归分析的要求。

以实验组审辩式思维倾向的各维度，即自信心、独立性、开放性、灵活性、公正性、理据性和深刻性的问卷分数为自变量，审辩式思维倾向的总成绩为因变量，进行多元回归分析（见表5-8），结果表明：自信心、独立性、开放性、灵活性、公正性、理据性和深刻性均对审辩式思维倾向的总分数具有显著的预测作用。解释变异量由大至小依次为：自信心、独立性、灵活性、理据性、深刻性、公正性、开放性。

表 5-8　小学生不同审辩式思维特征对其审辩式思维倾向发展的解释结果

投入变量	B	R	R^2	ADR^2	t
常量	0.062				
自信心	0.267	0.728	0.524	0.405	6.39***
独立性	0.254	0.710	0.561	0.342	6.32**
灵活性	0.164	0.853	0.578	0.076	5.80*
理据性	0.176	0.856	0.617	0.062	5.71*
深刻性	0.153	0.879	0.629	0.046	5.53*
公正性	0.149	0.892	0.648	0.029	5.44*
开放性	0.147	0.893	0.662	0.013	5.35*

*$p<0.05$，**$p<0.01$，***$p<0.001$

实证研究结果分析

一、审辩阅读教学对小学生审辩阅读能力的影响

从表 5-2 可见，实验组与对照组审辩阅读技能前测成绩基本持平，且对照组前测成绩的离散程度略低于实验组。独立样本 t 检验结果表明，两组前测成绩差异不显著，充分说明了实验组和对照组被试在没有接受任何审辩阅读教学之前，他们的审辩阅读能力的发展水平基本相同。经过对实验组开展为期一学年的审辩阅读教学实验后，实验组和对照组审辩阅读技能的后测成绩均高于前测，但只有实验组的前、后测成绩差异显著，说明了实验组被试的审辩阅读技能得到了一定发展。实验组与对照组的后测成绩差异显著，表明实验组被试的审辩阅读技能高于对照组，在一定程度上，说明审辩阅读教学对小学生审辩阅读能力的发展具有积极的作用。

但是实验组的后测成绩高于对照组的原因有多种可能，有可能是学生受审辩阅读教学的影响，也有可能是学生自然成长结果等多方面的原因。鉴于此，我们进一步考查了两组被试审辩阅读技能的前、后测成绩增值量，t 检验结果表明，两组成绩增值量差异显著，说明审辩阅读教学对实验组被试审辩阅读技能发展有一定的积极影响，但并不能完全排除学生自然成长的结果。因而，本研究进一步探究了实验组内高水平被试与低水平被试审辩阅读技能前、后测的成绩增值量。从表 5-3 中可知，实验组内两种不同水平被试前、后测的成绩增值量差异显著，这充分说明了实验组被试审辩阅读能力的发展是源于审辩阅读教学的影响，而受学生自然成熟影响的可能性很小。

从表 5-4 可知，实验组被试审辩阅读技能前、后测成绩，除"文本感知"维度差异不显著外，其余各维度即信息提取、信息推理、信息概括、信息判断和信息评价成绩差异显著。这说明了通过审辩阅读教学实验，实验组

被试在这五种审辩阅读技能方面得到了明显发展。由于信息推理、信息概括、信息判断和信息评价这四种阅读认知技能，在本研究中被界定为深度阅读技能，因而，审辩阅读教学能够有效促进小学生深度阅读技能的发展。

实验组被试"文本感知"前、后测成绩差异不显著的原因，可能是学生"文本感知"技能在常规阅读教学中，已得到较好的发展。例如，在常规阅读教学中，教师都善于用提问导入新课，学生被提问后，必然会增强文本感知能力。但从实验组被试"文本感知"前、后测成绩的平均值看，后测成绩明显高于前测，说明学生的"文本感知"技能处于不断发展过程中，仍需要教师在课堂上给予积极关注。

整体而言，小学审辩阅读教学对小学生审辩阅读能力的发展具有积极的促进作用，有效促进了学生深度阅读技能的发展。从这个意义上说，本书所强调的审辩阅读教学需要发展学生深度阅读技能的研究观点，已经得到了相应证实。本研究同时也印证了王俊英、桑海燕的相关研究，[1] 即从学生理性思维发展的视角，探究小学语文阅读教学问题，有助于积极发展学生的阅读技能及其他语言技能，特别是可以有效帮助学生发展深度阅读技能。

二、审辩阅读教学对小学生审辩式思维倾向的影响

在表5-5中，首先，从实验组与对照组问卷总分的平均值看，两组被试的平均值均在临界值3分以上（实验组：3.37；对照组：3.24），说明小学生审辩式思维倾向水平整体处于中等偏上的水平，该结果与杨晶的研究基本吻合。[2] 其次，从实验组与对照组的整体差异对比来看，实验组问卷总分的平均值高于对照组，两组问卷总分差异显著，说明实验组被试审辩式思维倾向水平整体高于对照组。最后，从实验组与对照组的内部差异对比

---

[1] 王俊英、桑海燕：《小学语文两种思维结合学习论》，北京，教育科学出版社，2016。
[2] 杨晶：《小学生批判性思维倾向调查问卷的初步编制与应用》[D]，武汉，华中科技大学，2018。

来看，实验组各维度平均值均高于对照组，t 检验结果进一步表明，两组除"公正性"与"深刻性"这两个维度外，其余各维度差异显著，说明实验组被试通过审辩阅读教学的学习，其思维的自信心、独立性、开放性、灵活性、理据性均得到有效的发展。

实验组与对照组"公正性"与"深刻性"这两个维度的问卷分数差异不显著的原因，可能是"公正性"与"深刻性"所涉及的认知能力比其他几个维度更为复杂。小学三年级学生的实际认知能力与"公正性"与"深刻性"所要求的认知能力还有一定差异。例如，在本调查问卷中，"公正性"主要是考查学生在平时学习和生活中，能否用相同的标准去评价自己与他人，能否做到言行一致。根据皮亚杰认知阶段理论，小学中年级学段的学生认知发展虽然进入了具体运算阶段，学生的思维与认知具有了一定守恒性和可逆性，但是在学生的实际学习表现与生活中，学生仍受自我中心影响，不能够很好地做到采用守恒的原则评价自我与他人。"深刻性"是指学生能够主动反思，不断调整自我观念、行为，有意识地注意观点与理由之间的关联性。同样从皮亚杰的认知发展阶段的观点看，小学中年级学段的学生处于具体运算的初级阶段，没有达到命题逻辑的一般水平，[1] 他们还不能很好地实现"守恒性"和"可逆性"。在实际生活与学习活动中，三年级学生不能很好地主动反思、调节和完善自我和清晰地分析自我或他人观点与理由之间的关联性，其符合具体运算初级阶段学生的正常表现。因而，在审辩式思维倾向问卷调查中，实验组与对照组被试在"公正性"与"深刻性"两个维度方面差异不显著。

审辩式思维倾向是学生理性思维的一种重要体现，发展学生的审辩阅读能力和关注学生审辩式思维倾向是密不可分和相互促进的，其均为审辩阅读教学的重要目标。因而，在审辩阅读教学实践中，教师不仅要注重学

---

[1] ［瑞士］皮亚杰:《皮亚杰教育论著选》，卢濬译，北京，人民教育出版社，2015。

生审辩阅读能力的发展,同时也要积极关注学生审辩式思维倾向即理性思维品质的发展。整体而言,审辩式思维教学对小学生理性思维品质的发展具有积极的促进作用,相关问卷调查研究证实了本书所强调的审辩阅读教学需要发展学生理性思维的研究观点。

综上所述,实验组学生在审辩阅读技能和审辩式思维倾向两方面的发展情况显著优于对照组的结果,从实证的角度说明了本研究对小学语文审辩阅读教学问题的理论模式的探讨具有合理性和可操作性,相关研究观点与论断能够很好地运用于实践。实验组学生经过审辩阅读教学实验后,其深度阅读技能和理性思维品质均得到了很好的发展,充分反映了本研究关于小学语文审辩阅读教学问题的实践方式的探究具有较强的实效性和针对性。

三、影响小学生审辩阅读素养发展的重要预测因素

(一)小学生审辩阅读能力发展的预测因素分析

从表5-7可知,审辩阅读技能的各维度,即文本感知、信息提取、信息推理、信息概括、信息判断和信息评价均进入了回归方程,充分说明了审辩阅读技能的各维度对小学生审辩阅读能力的发展均具有积极的预测作用,从另一个角度也体现了本研究所构建的审辩阅读教学理论模式的合理性。具体而言,各维度对学生审辩阅读能力的预测变量由大至小依次为:信息推理(42.5%)、信息评价(23.4%)、信息提取(12.2%)、信息判断(7.3%)、信息概括(6.8%)、文本感知(3.4%),共同解释变异量为95.6%。审辩阅读教学是基于文本载体,以问题引导和问题探究为核心的教学活动形式,引导学生有效分析与反思文本是审辩阅读教学活动的重要目的之一。学生对文本关键信息的感知与提取、对潜在信息的推断与概括和对重要信息的辨别与评价,既是学生有效参与审辩阅读教学活动的重要认知条件,同时也是学生参与审辩阅读教学活动需要不断发展的重要技能。从这个层面而言,小学生已有的关于文本的感知能力、分析能力和反思能力都是影

响学生展开审辩阅读学习的重要因素。

从具体结果可知，对小学生审辩阅读能力发展影响最大的因素是信息推理，其次是信息评价，两者共同对审辩阅读能力发展的预测量为65.9%。信息推理与信息评价能够更好地预测小学生审辩阅读能力发展的重要原因，可能与审辩阅读教学所强调的根本目的有关，即通过审辩阅读教学活动发展学生的深度阅读技能。学生深度阅读技能发展的出发点与最终落脚点都归结于学生能够有效分析文本和反思文本。从这个意义上看，学生对文本的有效推理与合理评价无疑是促进其审辩阅读能力发展的关键因素。因而，教师在审辩阅读教学中，可以以发展学生信息推理与信息评价为重点，积极支持学生有理有据地分析信息与表达观点。

（二）小学生审辩式思维倾向发展的预测因素分析

从表5-8可见，审辩式思维倾向的各维度，即自信心、独立性、开放性、灵活性、公正性、理据性和深刻性均进入了回归方程，这体现了审辩式思维倾向的各维度对小学生审辩式思维倾向的发展均具有积极的预测作用。进一步分析可知，各维度对小学生审辩式思维倾向的预测作用由大至小依次为：自信心（40.5%）、独立性（34.2%）、灵活性（7.6%）、理据性（6.2%）、深刻性（4.6%）、公正性（2.9%）、开放性（1.3%），共同解释变异量为97.3%。审辩阅读教学是一种以合理性理解为导向的文本对话活动，引导学生发展审辩阅读能力，促进学生理性思维品质的提升是开展审辩阅读教学活动的根本目的。良好的审辩式思维倾向是学生理性思维品质发展的重要表现。在审辩阅读教学的具体活动中，教师不仅以审辩式思维原理作为教学活动设计的理论参照，同时也以儿童哲学思维发展理念作为教学实施的实践依据。从这个意义上看，审辩阅读教学活动自始至终都是围绕着学生理性思维的发展而服务，例如，引导学生主动地、有条理地澄清事实，辩证地、有依据地发表自我看法等都是审辩阅读教学关注的重要内容。鉴于此，学生在日常生活与学习中所获取的认知能力和思维品质，如思维与思考的自信心、独立性、灵活性等必然是学生参与审辩阅读教学活动的重要基础。因而，自信心、独立性、灵活性、理据性、深刻性、公正性、开放性均进入了回归方程，并有效地预测了小学生审辩式思维倾向的发展。

从具体预测变量可知，自信心与独立性是小学生审辩式思维倾向发展最大的两个预测变量，两者对审辩式思维倾向发展的预测量为74.7%。自信心与独立性能够更好地解释小学生审辩式思维倾向发展的主要原因，可能归结于学生所面临的阅读认知难度不断增加。随着学段的递增，学生在面对较为复杂的阅读任务时，必然会被要求具备更多的阅读思维技能。思维的自信和思考的独立无疑是学生展开复杂性文本阅读的重要基础，从这个意义而言，自信心和独立性能够更好地预测学生审辩式思维倾向的发展是由小学生的实际认知特征决定的。因而，教师在审辩阅读教学中，需要着重关注对小学生思维自信和独立思考的引导，进而积极促进学生理性思维品质的发展。

个体的阅读学习与思维发展往往是互为一体的，离开了阅读的思维往往会缺乏依据与支撑，离开了思维的阅读往往又显得"人云亦云"，缺乏自我观点与主张。同时，培养学生的理性精神，关键是培养学生就论据进行思考的论证意识与论证能力。[1]鉴于对学生深度阅读技能和理性思维品质发展的需要，教师可以结合小学生不同的认知和文本内容的结构特征，在常规阅读教学的基础上，充分运用信息提取、信息推理、信息概括、信息判断和信息评价等阅读技能，从感知性阅读、分析性阅读和反思性阅读等层次合理设计审辩阅读教学，积极引导学生在阅读中思考和在思考中阅读，鼓励学生在表达自己观点的同时，说清楚自己的理由，从而帮助学生准确把握文本、系统分析文本与合理反思文本，进而提升学生的审辩阅读素养，以至能够理性从容、准确有效地面对复杂的信息选择。在具体的审辩阅读教学设计与实施过程中，教师特别需要有效运用学生的好奇心与探索欲，

---

[1] 夏青：《知识观视域下的批判性思维与学校教育变革》[D]，长沙，湖南师范大学，2018。

鼓励学生积极参与对话交流，从而有效帮助学生树立思维自信和学会独立思考。

四、小学审辩阅读教学实证研究结论

通过运用实验组、对照组前测后测的准实验设计，我们对小学三年级95名被试开展了为期一学年的审辩阅读教学实验研究。经过对实验组与对照组被试审辩阅读能力的测试和审辩式思维倾向的问卷调查，以及对实验组被试审辩阅读能力和审辩式思维倾向的预测因素探究等系列实证研究，我们可以得出以下三个结论：

一是建立在本书理论构建基础上的小学审辩阅读教学是有效促进小学生深度阅读技能与理性思维品质发展的重要途径；

二是信息推理与信息评价是小学生深度阅读技能发展的重要影响因素；

三是思维自信与独立思考是小学生理性思维品质发展的积极影响因素。

综合上述研究结论，我们不仅证实了小学审辩阅读教学对发展小学生审辩阅读素养具有的积极作用，而且有效验证了本书中对小学审辩阅读教学理论的构建与实践方法的探究具有较好的合理性与实效性，同时也为更有针对性地开展小学审辩阅读教学的实践明确了重点方向与提供了实验佐证。

小学审辩阅读教学研究的总结与展望

一、研究总结

基于系统论观点，运用系统分析法，我们对小学审辩阅读教学的基本理论形式与具体实践方式进行了较为全面和深入的探究。通过相关教学实验的开展，采用实验测试和问卷调查的方式，进一步考查了小学审辩阅读

教学的理论形式与实践方式的合理性。通过将系统理论探究与实践验证的有机结合，结果表明，我们对小学审辩阅读教学的理论形式构建和实践方法探究具有明显的针对性和显著的实效性，为相应教学实践提供了可靠的理论参照，基本实现了预期的结果。主要结论归纳如下：

第一，审辩阅读教学是培育学生审辩阅读素养的教学活动，其实质是引导学生积极发展深度阅读技能和理性思维品质。审辩阅读教学是语文阅读教学活动的亚类型，思想性、思辨性、建构性和创生性是小学审辩阅读教学的基本特征。小学审辩阅读教学对学生知识的积累、素养的形成、内在潜能的激励以及生活志向的引领有着独特的价值功能。有效地帮助学生激发阅读动力、培养思考能力、优化语言思维和加深社会认知是开展小学审辩阅读教学实践的重要价值体现。

第二，审辩式思维理论是阐释个体合理推理与有效论证的重要依据，它揭示了个体对问题的有效分析与合理推理的原理，为构建审辩阅读教学理论提供了思维学基础。阅读认知图式理论的本质是以图式的形式解释个体阅读活动的内在发生方式，它揭示了个体阅读认知的一般发生过程，为构建审辩阅读教学理论提供了认知心理学基础。建构主义学习理论从个体主动建构学习经验的视角，阐释了学生的知识获取过程，揭示了个体知识学习的一般发生机制，为阐释审辩阅读教学实践方法提供了教育心理学基础。儿童哲学教育理论的核心是通过儿童与成人内在关系的和解，帮助学生积极探寻有意义的思考，为审辩阅读教学活动的具体实施与开展提供了教育哲学基础。

第三，审辩阅读教学的构成要素表现在三个方面：活动主体，即教师与学生；活动内容，即文本材料；教学方式，即教师以文本解读的方式指导学生阅读学习和学生通过文本理解的形式参与教师的审辩阅读教学活动。审辩阅读教学的结构层次可分为感知性阅读、分析性阅读和反思性阅读，其中：感知性阅读层次具体包括文本感知和信息提取两种阅读认知技能；

分析性阅读包括信息推理与信息概括阅读认知技能；反思性阅读包括信息判断和信息评价阅读认知技能。审辩阅读教学的具体发生过程是学生对文本信息进行系统认识、合理质疑、深入探究和自主发展的过程。审辩阅读教学的发生条件包括唤起学生已有经验、创设文本认知冲突、增强学生情感体验和价值认同。整体而言，审辩阅读教学的发生机理是审辩阅读教学实践的外在结构与内在生成相互影响。审辩阅读教学的具体过程是教师基于上述理论形式，逐步引导学生有理有据地分析文本、判断信息和表达观点，进而有效发展其审辩阅读素养。

第四，审辩阅读教学的基本操作原则需要遵循教学情境的开放性和学生思维的启发性、表达的自主性与价值的指导性；主要操作维度涉及感知性阅读、分析性阅读和反思性阅读的教学操作；具体操作方法可以根据不同学段学生的认知特征，灵活选用猜测法、讨论法、批注法、复述法、辩论法、对比法、书评法等。审辩阅读教学的一般设计思路是教师依据文本类型和学生的实际水平，在遵循其基本操作原则下，结合具体的操作维度与操作方法，围绕深层次阅读技能和理性思维品质进行细化，进而有效确立教学目标、优化教学内容和预设教学流程。

教师在审辩阅读教学的具体实施过程中，理应积极坚持对话性教学交往，创设启发性教学问题、可视化的教学内容、互动性的文本探究和探索性的主题拓展，以更好地促进小学生积极发展审辩阅读素养。教师在进行审辩阅读教学评价时，需要坚持生本性、激发性、动态性和系统性原则。评价内容主要包含对学生审辩阅读技能和审辩阅读品质的评价。具有可操作性的评价方式主要包括：过程参与性评价、学生交互性评价、个体对照性评价和自我报告性评价等教学评价方式。教师可根据实际需要，灵活选择多元的教学评价方式，进而准确把握学生的审辩阅读发展状况和激发学生审辩阅读学习。

第五，相关实验研究证实本研究所探究的小学审辩阅读教学理论与实践是有效促进小学生深度阅读技能与理性思维品质发展的重要途径，信息推理与信息评价是小学生深度阅读技能发展的重要影响因素，独立思考与思维自信是小学生理性思维品质发展的积极影响因素。教师可在常规阅读教学的基础上，结合审辩阅读教学的理论构建，积极关注学生的思维自信与独立思考，充分运用信息推理和信息评价两种阅读认知技能，合理设计审辩阅读教学活动，鼓励学生在分析文本、评价信息和表达观点的同时，要讲求条理、说清楚理由等，以此引导学生在阅读中学会理性思考和在思考中学会深度阅读。

二、研究建议

小学审辩阅读教学是一种以教师与学生主体间互动和对话的形式，积极促进学生有效地理解文本和建构意义的认知活动。教师是引导学生参与审辩阅读教学活动和帮助学生实现审辩阅读素养的重要活动主体。审辩阅读教学活动的系统实施与教学效果的有效获取主要取决于教师的教学水平，教师教学水平受制于教师的教学能力。结合我们的教学实验观察与反思，教师对审辩阅读教学形态的准确洞察及其对教学本质的深刻理解和对教学实践的最优化是教师教学能力的重要体现。因而，教师加深教学感悟、凝聚教学智慧、激发教学创造、凝练教学思想是教师顺利开展审辩阅读教学活动的关键因素。

（一）增强教师个体性思维，加深审辩阅读教学感悟

审辩阅读教学是依托文本载体，帮助学生学习深度阅读与理性思考的重要教学活动。其中，思考是人的本能，人们在社会生活中无时无刻不在思考；然而有质量的思考和有意义的思考却不是随处可见的，它需要人们加以学习和练习，只有认识了理性思维规律，掌握了理性思维技能才能实现有效的理性思考。教师教学生思考，教师必须先会自觉地思考。教师自我思维力是开展审辩阅读教学的重要前提。在现行的教师教育体系中，未

开设专门的"思维学",这部分内容只有在"教育学"和"心理学"公共课程中零散地涉及。[①]教师自我思维力的提升必然有助于其提高对教育发展的敏锐力和教学实践的洞察力,有助于改变其固有的教学思维模式。为了有效地实现审辩阅读教学效果,教师无疑需要增强审辩式思维的学习,清楚审辩式思维分析与论证的基本原理和实践要领,以加深对审辩阅读教学的系统感知,准确把握教学环节,科学构思教学活动。

在国外基础教育学校的母语阅读教学中,很多学校从小学一年级便开始引导学生学习分辨审辩式思维中"事实"(Fact)和"观点"(Opinion)两个重要的概念。"事实"是客观存在,可以反复证明的事物,例如,历史事件、科学概念、数学运算等。"观点"是个人的主观看法,例如,学生A喜欢吃冰激凌,但学生B不喜欢,认为吃冰激凌会发胖。关于冰激凌,这两位学生分别代表了两种不同的观点。教学中如何帮助学生加深对"事实"和"观点"的看法,这里有一位小学语文老师的做法值得我们借鉴:[②]故事发生在开学初的一年级班级里,有一天,小媛老师的学生苏珊,突然红着眼睛跑过来告诉老师:"坐在我前面的两个同学,说我不懂分享。"小媛老师不假思索地对苏珊说:"他们的话只是他们的观点,你可以用事实证明给他们,你是个懂得分享的朋友。"老师话音刚落,苏珊便回到自己座位,将自己书包里的彩色笔分享给了周围的同学们。在这个故事里,小媛老师并未给苏珊讲解深奥的审辩式思维原理,只是通过一件事顺势引导了学生如何证明自我想法,把学生心目中本没有的冲突的东西,还原它相互冲突的面目,并使学生在这种价值冲突的感受与反思中成长。[③]从故事里可以看出,这位语文教师对理性思维教学技能的运用是多么的娴熟与敏捷,突显了教

[①] 姜继为:《思维教育导论》,北京,中央编译出版社,2012。
[②] 搜狐网:《如何教出会思考的小孩?美国学校从培养"批判性思维"开始》,https://www.sohu.com/a/209922894_124768。
[③] 李海林:《美国中小学课堂观察——一位教育学教授的笔记》,北京,教育科学出版社,2015。

师个体性思维能力的重要性。

其实，不仅仅是一年级的小学生，就连我们成年人也常常容易被他人的看法所左右。一个具有充足理性思维素养的人，会懂得那些所谓的"看法"只不过是别人的观点，我们需要做的是用有力的事实，去反驳别人的主观判断。从这个意义而言，小学语文教师提升个体性思维素养，增强对审辩阅读教学问题的实践探究，一方面是自我生活发展的需要，另一方面是教师职业发展和个人价值实现的需要。因而，作为从事审辩阅读教学的小学语文教师，更需要增强理性思维的学习，以提升自我思维力，深化对审辩阅读教学活动的系统感悟和准确架构，方能促进学生深度阅读和理性思维的发展。

（二）拓展跨学科教育联系，凝聚审辩阅读教学智慧

随着时代的发展，传统的语文教学已难以满足学生的学习和社会发展需要，学术界早已出现提倡"新语文""大语文"等呼声。我们对这种学科重构的呼声是否具有科学性暂且不作探讨，但我们可以从这些呼声中觉察到常规的就语文学科而进行语文教学的观念，势必不利于语文学科的与时俱进和语文学科内涵的发展。就阅读教学而言，仅引导学生追求知识建构的单一阅读教学思维，对学生的个体性发展与社会化发展来说显得有些狭隘和功利，它不可能帮助学生成为适应社会需要的理性思考者和正能量建设者。[1] 小学语文是开启个体阅读发展的正式学科载体，小学审辩阅读教学则是启发学生学习深度阅读与理性思维的重要活动。

为了实现发展学生深度阅读技能与理性思维的根本目的，审辩阅读教学需要有机融合多学科的教学思路，灵活运用其他学科教学方法，进而帮助教师凝聚审辩阅读教学智慧，以有效促进学生积极发展审辩阅读素养。例如，在教授《曹冲称象》（部编版二年级上册）一文时，为了帮助学生有效理解曹冲称象的基本原理和深刻体会曹冲聪明过人的敏锐智慧，教师需

---

[1] 钱理群：《我的教师梦：钱理群教育讲演录》，上海，华东师范大学出版社，2008。

要引入物理浮力知识的介绍，还可借此引导学生发挥想象，积极思考其他的称象方式。再如，学习《惠崇春江晚景》（部编版三年级下册）古诗时，为了帮助学生准确领会"竹外桃花三两枝"的美好意境，即为什么作者对诗句中桃花的描写只是"三两枝"？是作者只看到"三两枝"，还是其他原因？引导学生借用美术创作方法勾画诗句，以加深学生对诗句深刻意境的体会。

美术勾画不是让学生凭自我心性随意创作，其重要目的是让学生充分理解作者与被观察对象即桃花的正确空间位置。该诗句字面意义非常简单，然而，要准确勾画诗句意境，则需要学生把握好作者当时观察桃花的位置和竹子的疏密程度。如果作者是站在坡下，竹子长在坡上，那作者看见的可能只是竹子，没有桃花；如果作者的位置和竹子基本在一个水平线上，竹子非常茂密的话，作者也不可能看见桃花；当然作者还可能是站在比竹子高的亭楼上，但这时可能看见的又不止"三两枝"桃花。除了作者的观察位置及竹子的生长茂密程度，也可能是作者出于对作诗表达手法的需要，根据下面的诗句可知，作者描述的是早春景象，为了突出早春时节、桃花初放的真实意境，所以作者用"三两枝"的说法显得十分恰当。通过类似的跨学科教学方法的引导与拓展，无疑能够催生学生的思维智慧，让学生在思考中渐渐学会合理与通达。

（三）优化多视角文本解读，激发审辩阅读教学创造

文本解读是决定阅读教学设计方向和阅读教学实效程度的关键，它是教师依据教学大纲要求，帮助学生实现与文本、作者发生积极联系的重要载体。教师个人经验、思维习惯和价值观念必然会影响教师对文本的理解，因而教师对文本的解读是多元的，不同的教师对同一文本有不同的解读取向。[①]在审辩阅读教学中，首先提倡教师加强个体性思维的学习，坚持理性思维方式，增强理性思维素养。从这个意义上说，教师对审辩阅读教学的

---

① 李本友：《文本与理解——语文阅读教学的哲学诠释学研究》[D]，重庆，西南大学，2012。

文本解读的思维方式，客观上是一致的。教师对文本解读的差异主要来源于教师不同的教育价值观念。尽管我们尊重教师教育价值观念的多元化选择，但只有当教师认同主流意识形态，教人唯真、求善、赏美，才可能促进学生的理性养成和精神成长。因此，教师对审辩阅读教学文本内容的解读，理应坚持一元与多样的融合。因为教育在促进人的发展的同时，也在促进社会的发展，而各是其是、各非其非的多元化文本解读，不可能有效实现人的长远发展和社会的未来发展。①

文本解读的重点在于挖掘文本的知识结构及其内在文化内涵，②其中，厘清知识结构是丰富学生认知和训练学生思维的重要方式，揭示与感悟文本蕴含的文化意义是促进学生精神成长和理性思维发展的重要路径。因而，教师需要从唯真、求善、赏美多维度，从字、词、句、篇等多层次，从低年级、中年级和高年级等多学段，从叙事性、非连续体、说明文等不同文体类型，实现多视角、多维度的文本内容解读，积极促进审辩阅读教学活动的创新。例如，教师在讲解《一夜的工作》（部编版六年级下册）一文时，一般而言，教师首先需要理解课文的主题思想，即课文主要通过对周总理一夜工作情形的细致描写，歌颂了周总理不辞劳苦的工作精神和简朴的生活作风。出于提高学生理性思维的需要，审辩阅读教学可在常规阅读教学文本主题解读之上，设计系列有助于学生审辩式思考的教学问题，例如"为什么周总理每天工作那样辛苦？""周总理可不可以少些辛苦？"等具有思辨性的问题。对于小学生来说，回答是否完整并不重要，重要的是学生在寻求答案的过程中自然而然地学会了辩证思考。从这个意义上说，从不同视角引导学生对文本进行深层次的思考，无疑会让审辩阅读教学课堂或多或少增添一些理性，甚至是创新。

---

① 王道俊、郭文安：《教育学》，北京，人民教育出版社，2016。
② 于漪：《语文教师的文本解读》，载《中小学教材教学》，2015（2）：8-10。

（四）注重综合性教学反思，凝练审辩阅读教学思想

教学反思是构成教师教学不可忽略的内容，它是教师通过对自我教学实践的回顾与思考，实现对教学积极经验的总结和不良教学问题的优化。教师对教学反思的重要目的是加深对教学规律的认识、优化教学方法、提升教学能力和促进学生学习发展。小学审辩阅读教学反思的主要目的是教师加深对审辩阅读教学的理论模式与实践方式的充分理解和创新应用，进而积极促进小学生深度阅读技能的获取和理性思维的发展。由于目前小学审辩阅读教学的理论模式与实践方式仍处于不断探索与逐步完善之中，再加上审辩阅读教学对教师个体性思维技能的要求较高，因而，教师对审辩阅读教学的反思需要超越常规程序化教学的反思形式，秉持一种综合性的、开放性的教学反思方式，才能够有效实现审辩阅读教学反思的目的。

常规程序化的教学反思主要是指教师停留在"纯教学"反思上，没有将教学反思的视角多样化，最终教师教学反思的结果对教学的改进意义并不明显。[①] 综合性的教学反思是指教师既要从教学本体性方面，反思"教给了学生什么"的问题，也要从生活实践层面，反思"教会了学生什么"的问题。"教给了学生什么"是对于教学外在形式的思考，"教会了学生什么"是对于教学内在效能的反思。教师只有结合教学本体性和生活实践性两方面，综合反思教学活动的外在流程与内在效能，才能更好地发现教学的不足之处和总结教学的积极经验。从这个意义上来说，灵活运用综合性教学反思必然是教师追寻应然的教学的内生动力。[②] 由于审辩阅读教学强调对学生深度阅读技能和理性思维的培养，学生的深度阅读技能是一种外显的能力，可以通过相关阅读测试进行直观性考查；而理性思维品质则是一种比较内隐的心理特质，不容易被直接测评与考查，最好的方式是综合学生日常生活表现加以分析，才能更准确地把握学生理性思维的发展状况以及更

---

① 闫艳：《对小学教师有效教学反思的研究》，载《教育学术月刊》，2018（2）：31-35。
② 李继：《教师教学的实践逻辑研究》[D]，成都，四川师范大学，2017。

有效地制订与优化接下来的教学计划。因而，坚持综合性的教学反思是审辩阅读教学内在属性的根本诉求。

综合性的教学反思必定是开放性的，因为只有在开放性反思的基础上综合，才是有效的综合性教学反思。开放性反思是教师将"个人自主反思"与"同伴互动反思""集体研讨反思"有机地结合，进而不断促进教师对教学实践的准确认识和有效调整。在综合性教学反思的视角下，教师可以结合学生的课堂学习与课外表现，从教学设计、教学方法与教学效果等方面展开教学反思。例如：审辩阅读教学的思路、层次、脉络是否清晰？是否通过提问引导学生深入理解了文本？是否组织学生参与了文本的积极讨论与思考活动？学生的参与度，包括师生互动、生生互动，其思维表现是否活跃？教师通过类似的综合性教学反思，能够有效加深对审辩阅读教学的理解和凝练相关教学思想，并更为合理地完善与优化审辩阅读教学实践，最终积极帮助学生更好地发展审辩阅读素养。

三、研究创新之处

随着科技的进步和社会的发展，人们不知不觉步入了便捷的信息化时代。在信息化社会，人们每天都无法回避、也不能回避身边大量的信息。如何有效鉴别、准确获取与高效利用信息已经成为现代人社会生活和职业发展的必备能力。阅读则是帮助人们鉴别与判断信息的重要方式。尽管社会中个体的阅读是一件非常个性化和极度自由的事，但是其阅读的质量和效率往往制约着个体能力的发展。个体高质量和高效率的阅读离不开良好阅读技能的支撑。从根源上说，个体良好的阅读技能往往源于学生时代学校阅读教学的积极影响。

对于小学阶段的语文阅读教学来说，学生阅读技能的发展直接影响到学生综合语言技能的发展和内在语言思维素养的形成。学生早期阅读品质的提升与阅读能力的发展，很大程度上决定了学生能否奠定一个良好的学习起点与人生发展的开端。因而，教师对小学生阅读学习的引导，不能仅仅停留在对课文字词和一般文本意义的解读上，而更应从时代发展与社会现实出发，将学生的现实阅读学习与未来阅读生活紧密结合，从个体深度阅读发展的层面，激发培养学生的阅读乐趣、发展学生的阅读认知技能和优化学生的阅读思维品质。

正是基于对社会现实背景与学生未来阅读学习、阅读生活发展问题的考虑，我们系统探究了小学审辩阅读教学的理论构建与实践运用问题。通过对审辩阅读教学的内涵价值、理论基础、生成机理、操作与设计、实施与评价等问题的系统探究与实践验证，我们取得了预期的成果。这些研究成果的具体贡献主要表现在三个方面：

第一，有效论证了小学审辩阅读教学的基本内涵。学界一般认为，审辩阅读教学的本质是培养学生的审辩式思维能力。该概念内涵的界定虽然也指出了审辩阅读教学的思维性发展目的，却忽视了审辩阅读教学对阅读本身的作用，即淡化与忽略了审辩阅读教学的阅读性。鉴于此，我们结合个体审辩阅读认知的发生方式与发生过程，阐释了审辩阅读教学不仅需要关注学生思维技能的发展，同时也应该注重学生阅读技能的发展，从而有效论证了小学审辩阅读教学是发展小学生深度阅读技能和理性思维习惯的教学活动，进而拓展与弥补了以往学界对审辩阅读教学内涵问题的认知。

第二，合理探究了小学审辩阅读教学的理论形式。以往研究者对审辩阅读教学理论问题的探究，一般是从审辩式思维理论这一单一的理论视角，阐释审辩阅读教学的理论内容。我们运用系统论观点，从思维学、认知心理学、教育心理学和教育哲学多理论视角，探究审辩阅读教学的理论基础，为系统构建审辩阅读教学的理论结构奠定了基础。与此同时，我们还从教学实践的外在结构与内在生成相互影响的视角，系统阐释了审辩阅读教学的构成要素、结构层次、发生过程和发生条件，有效揭示了审辩阅读教学的生成机理，为进一步开展小学语文审辩阅读教学实践提供了积极的理论参照。

第三，系统阐释了小学审辩阅读教学的实践方法，并加以实证验证。以往研究对审辩阅读教学方法的探索，主要来源于单一的理论分析或是教师个人教学经验的总结。我们本着理论指导实践和服务实践的理念，依据审辩阅读教学的生成机理及其具体的结构层次，系统阐释了审辩阅读教学的操作原则、操作方法、设计思路、实施过程和评价路径等系列实践方法问题。对审辩阅读教学的实践方式的系统探究与相关实证验证，为进一步有效开展审辩阅读教学实践提供了可借鉴性参考。

四、研究局限与展望

本书在取得积极成果的同时，不可避免仍存在一些遗憾与不足。

第一，我们基于教育系统论的视角，系统地构建与阐释了审辩阅读教学的理论内容与实践方法，然而，我们所做的思考与探索主要是立足于小学审辩阅读教学的整体情况和常见文本类型，对不同学段和各类型文本之间的差异探究相对较少。由于审辩阅读教学所蕴含的内涵极其丰富，相关教学实践十分注重课堂教学的灵活性和创生性，且小学阶段年龄跨度大，学生的思维与认知发展变化快，因而，本书仅作为积极解决小学审辩阅读教学问题的整体导引与系统尝试，仍需要研究者从不同理论视角和不同问题侧面进行更深入的理论构建与实践探究。

第二，我们虽然运用相关教学实践验证了审辩阅读教学的理论构建与实践方法的合理性和有效性，但是由于研究者精力、时间等诸多因素的限制，在实证研究中仅选取了一个班级作为实验组开展相关教学实验。因而，在后续相关研究中需要增加不同年级的实验组，争取覆盖小学所有年级，以更好地验证和完善小学审辩阅读教学的理论构建与实践方法。

之后，我们将从三个方面继续探究小学审辩阅读教学问题。一是探寻多元化研究范式，从多元的研究视角深入揭示审辩阅读教学的理论与实践问题。例如，继续探究不同文本类型的审辩阅读教学模式、不同学段学生审辩阅读教学的方式与评价体系等问题。二是成立专门的审辩阅读教学课题研究组，寻找更多一线教师加入相关实验研究，加强审辩阅读教学的理论探究与实践应用的联系，促进理论服务实践以及实践活化理论。三是加大实践研究力度，通过增加研究样本量，不断总结经验和完善方法，最终有效推广审辩阅读教学实践，以帮助更多学生逐步获取基本的深度阅读技能和理性思维习惯，进而积极适应与创造有意义的信息化阅读学习和阅读生活。

附　录

附录1：小学三年级审辩式阅读技能测试（前测）
附录2：小学生审辩式思维倾向调查问卷（正式）

扫描上方二维码获取相关内容